日语教学思维创新与实践研究

李天晓　王秋思　李万豫◎著

线装书局

图书在版编目（ＣＩＰ）数据

日语教学思维创新与实践研究/李天晓，王秋思，
李万豫著.--北京：线装书局，2024.1
ISBN 978-7-5120-5877-4

Ⅰ.①日… Ⅱ.①李… ②王… ③李… Ⅲ.①日语—
教学研究 Ⅳ.①H369.3

中国国家版本馆 CIP 数据核字(2024)第 037579 号

日语教学思维创新与实践研究
RIYU JIAOXUE SIWEI CHUANGXIN YU SHIJIAN YANJIU

作　　者：李天晓　王秋思　李万豫
责任编辑：林　菲
出版发行：线裝書局
　　　　　地　　址：北京市丰台区方庄日月天地大厦 B 座 17 层（100078）
　　　　　电　　话：010-58077126（发行部）010-58076938（总编室）
　　　　　网　　址：www.zgxzsj.com
经　　销：新华书店
印　　制：北京四海锦诚印刷技术有限公司
开　　本：787mm×1092mm　1/16
印　　张：11
字　　数：210千字
版　　次：2024年1月第1版第1次印刷
定　　价：88.00 元

线装书局官方微信

〈前　言〉

随着全球化的不断推进和信息技术的迅速发展，日语作为一门重要的国际语言，受到越来越多学习者的关注和热爱。尤其在中国，日语教学已经成为许多学校的课程之一。随着学习者对日语学习需求的增加，对日语教学的质量和效果提出了更高的要求。在传统的日语教学模式下，学习者普遍存在学习兴趣较低、学习效果不尽如人意的问题，传统的教学方法未能有效激发学生学习日语的积极性和主动性，限制了日语教学的进一步提升和发展。因此，如何创新和改进日语教学思维，探索更加有效的教学策略和方法，成为亟待解决的问题。总而言之，当前教育界需要加强对日语教学的研究，探索符合现代学习者需求和特点的教学模式，促进日语教学质量的提高和教学效果的增进。

鉴于此，本书以"日语教学思维创新与实践研究"为选题，首先探讨日语语言与日语教学的理论，内容涵盖日语语言知识与文化的交融、日语教学的目标要求与原则、日语教学中的具体方法、日语教学体系与语料库，同时对日语教学创新思维与创新型观念、创新思维模式与日语教学的融合进行分析；其次对日语教育教学中的核心体系、日语教学模式的具体构建与延展进行解读；最后从日语语言文学中的中国文化、日语教育教学中的人才培养实践、日语笔译课程教学的改革与实践、面子行为理论下的日语教学策略四个方面研究日语教育教学实践策略。

全书内容丰富详尽，结构逻辑清晰，客观实用，对日语教学思维创新与实践进行探究，强调了日语教学的理论性与实践性，旨在帮助日语学习者提高学习效率，并使读者获得更广泛的学科内容，力图对日语教学的研究具有一定的参考价值。

本书在写作的过程中参考了大量的著作、文献及论文，汲取了前辈的智慧，在此表示衷心的感谢。由于作者水平有限，许多内容尚无成熟的先例，加之撰写、出版的时间仓促，难免存在疏漏与不足，希望广大读者反馈使用的情况，提出修改、完善的意见和建议。

〈目 录〉

第一章 日语语言与日语教学的理论审视

第一节 日语语言知识与文化的交融

一、日语语言知识与文化的概述

(一) 日语语言知识

1. 日语语义

语言是人类通过语音传递意义的符号体系，而语义则是用语音这种语言形式所表现的语言符号的内容，是人脑对客观事物的概括和反映。语义学是研究语言的含义、意义的学科，它主要研究语义的各种性质、类型、语义关系、语义的结构和功能，以及语义的形成和演变等。日语语义研究主要包括以下四个方面：

(1) 语言符号和语义研究。"与其他符号相比，语言符号具有以语音形式为能指、线条性、多义性、历史承传性和层级性五个特点"①。语言符号和语义研究包括对语素、词、词组、句子、话语这五种语言符号的研究；对语义及其所指事物之间关系的研究；对义素、义位、义丛和义句这些语义单位的研究。

(2) 对语义分类的研究，也就是对词、句子、话语等不同语言单位的概念意义、附加意义、语法意义、语境意义的研究。

(3) 对语义聚合和语义组合的研究。语言符号的各级语义单位之间主要存在两种关系，即聚合关系和组合关系。语义的聚合是指具有共同点又有不同之处的语义单位之间的各种相互关系，包括多义词内部的语义聚合关系、不同词之间的语义聚合关系和近义词之间的语义聚合关系。语义组合是指在语流中各个语义单位按一定的规则前后连接而形成的

---

① 聂志平. 语言符号论 [J]. 东南大学学报（哲学社会科学版），2012，14（4）：66.

关系，其研究内容包括语义搭配的选择限制性、词语组合中的语义关系、话语中句子之间的语义关系及语义组合的语义量等。

（4）对语义变化的研究。语言随着社会的发展进步不断发生变化。在语言体系中，变化较为明显的是语义。对语义变化的研究主要有对语义变化的原因、途径和类型的研究。

2. 日语语体

日语语体是指日语使用者在不同语境中约定俗成所选择使用的该语言的不同表达方式的总称。日语语体研究主要有以下三方面的内容：

（1）语体与语篇类型关系的研究。也就是对不同领域的语篇的语体特征的研究，包括对文学语体、科学语体、事务公文语体、新闻广告语体等的特征研究。

（2）口语语体与书面语体的研究。包括对对话、讨论、采访、辩论、演讲等口语语体和对诗歌、小说、散文、广告、报告、通知、合同等书面语体特征的研究，对口语与书面语相互转化的研究等内容。

（3）简体与敬体、敬语的研究。根据是否意识到交际者以及根据交际双方关系不同而区别使用简体或敬体以及敬语，是日语语体的一大特征。在口语中，简体和敬体这一"文体"是不可缺少的，属于基本语法范畴之一。而敬语体系是日语的一大语法特征，也是日语语体的一大特征。对敬语和待遇表现的研究一直是日语语言学研究的热点，例如对敬语的分类和功能、敬语的使用条件、敬意程度等的研究。

（二）日语语言文化

日本是一个四面环海的国家，受地理位置等因素影响，原本是没有语言文化的。早在一千多年前，日本向当时的中国唐朝派遣使者学习文字，之后将学习来的文字及文化带回日本，也就有了汉字日化。现在日语的主要文字为汉字，这充分体现出中国对日语语言发展起到了决定性的作用。当前，日本仍然在不断学习和吸收东西方各国的先进性语言。当然，在吸收语言的同时，优秀的文化和习惯也被引入日本并被加以"改良"，这使得日本文化的发展突飞猛进。日本因其特殊的地理位置而形成了广泛吸收外来文化的特征，日语中的外来语就是重要的代表，因此，日语语言文化具有以下特性：

第一，日语语言文化吸收性。日本原来没有自己的文字。早在数千年前，日本就开始学习中国的文字，明治维新后，日本开始吸收欧美语言，再次大量引进外来语。在吸收外来语的同时，日本也把各国的先进文化吸收进来，并将其本土化。这样日语在各种先进文化的滋养下不断丰富，发展壮大。

第二，日语语言文化的创造性。日本一直喜欢将国外事物和本国事物融合在一起，创造出带有日本特点的事物。日语在吸收外来语时，并不是直接照搬，而是在此基础上有所创造。大约在公元 2 世纪，中国的汉字开始传入日本，日本人在意识到汉字的巨大作用后，视汉字为至宝，将汉字大量引入日语，在条件成熟时将汉语加以改造，大胆地将汉语的意思加以引申，如用汉字楷书的偏旁部首创造出片假名，用汉字的草书笔画创造出平假名，借用汉字的字形创造出国字，用汉字的繁简特点创造出略字。日本人从汉语中借用了数以万计的汉字和词汇，被借用过去的汉字绝大多数保留了原有的意义或者与原意稍有差别，但是也有许多汉字已经完全日化，与该字在现代汉语中的含义完全不同。

二、日语语言知识与文化交融的内容

日语语言知识与文化交融是指日语语言与日本文化之间相互影响和交融的过程。这种交融是由日本历史、社会和地理等多方面因素所决定的，它使得日语语言成为日本独特文化的一部分，同时也反过来影响和塑造了日本文化。下面是日语语言知识与文化交融的重要方面：

第一，词汇和表达：日语语言中吸收了许多外来词汇。主要来自汉语、葡萄牙语、荷兰语和英语等。这些外来词汇丰富了日语的词汇量，使其在表达概念和文化概念上更加灵活多样。同时，日本文化中的独特概念也通过特定的日语词汇表达出来，例如"和""浮世绘""茶道"等。

第二，礼节与礼仪：日语语言中的敬语和礼貌用语反映了日本社会对尊重他人和社会等级的重视。这种尊重和礼节观念在日本文化中扮演着重要角色，影响着人们的社交行为和人际关系。

第三，文学和传统艺术：日本古典文学和传统艺术作品。如歌谣、俳句、歌舞伎等，是日语语言和日本文化深厚交融的象征，这些作品中使用的语言形式和表达方式反映了当时的社会价值观和审美情趣。

第四，日本文化的传播：日本的流行文化，如动漫、漫画、电影和音乐，已经在全球范围内广受欢迎，这些文化输出在语言的传播和影响下，让更多人对日本语言和文化产生兴趣。

第五，社交媒体和网络：随着互联网的普及，日语语言和文化在全球范围内得到了更广泛的传播。许多非日本人通过学习日语，接触日本的电影、音乐、美食等，加深了对日本文化的了解和欣赏。

第二节　日语教学的目标要求与原则

一、日语教学的目标要求

（一）跨文化能力培养的目标要求

跨文化学习主要包括跨文化接触、跨文化理解和跨文化交际三个过程。跨文化接触，就是个体通过有选择地借用母国文化来接触跨文化，对跨文化所做的赋有个性特征的统合和再现。跨文化理解就是辩证地认识日本文化的内涵、思想观点。学习者固有的价值观、思维方式会直接影响到对跨文化的理解和认识。跨文化交际又称为跨文化知识应用，主要是指与日本人进行交际时如何避免发生文化冲突，使交际朝向人们期待的目标发展，让交际顺利进行。

结合日语学习特点，可以将跨文化能力概括为：意志决断能力；问题解决能力；创造性思考能力；批判性思考能力；有效的交际能力；对人关系能力；自我认识能力；共鸣能力；情感控制能力；对焦虑的处理能力（心理调节能力）。意志决断能力，既明确自我究竟要做什么、想做什么这一目标意识，从而决定自我行为目标和方向；问题解决能力，包括目标设定，其中最重要的是发现问题和选择最恰当的解决问题的方法以及如何达到目标的企划能力；创造性思考能力，即把获得的信息创造性地组合，创造出独特的思考和计划的能力。批判性思考能力，即对获得的信息、经验以客观的方法进行分析的能力；有效的交际能力，即采用言语与非言语形式自我表达的能力；对人关系能力，即与他人保持良好人际关系的能力；自我认识能力，即对自我的性格、优缺点、愿望、好恶等的认识能力；共鸣能力，即对他人的意见、情感、立场、心情能够产生共鸣又不为其所左右的能力；情感控制能力，即对喜怒哀乐等情感的自我控制力；对焦虑的处理能力，即了解跨文化学习过程中产生的焦虑源，为消解焦虑而采取适当措施的能力，也称作心理调节能力。帮助学生了解跨文化理解和交际的心理特点，掌握跨文化学习的方法，是跨文化教学关于跨文化交际能力的培养目标。

（二）语言知识能力培养的目标要求

语言作为系统是一个整体，作为语言结构的三要素，语音、词汇、语法是日语知识教学的核心部分。语言理论知识的教学就是对语义的辨析、语义概念的解读、语言规则的分析和使用方法的训练。

1. 日语语音能力培养的目标要求

日语语音能力培养主要指培养学生顺利掌握日语语音的所有能力，这个能力要素包括遗传生理的和后天培养的多个方面。只针对一般正常学习者而言，它主要包括：能够区分日语语音（音位）的辨音能力；能够准确再现日语语音的发音能力；听觉和动觉的控音能力；发音动作的协调能力；具备自动化言语动作熟练的能力；感知和再现日语语调的能力等。

2. 日语词汇能力培养的目标要求

日语词汇能力培养目标主要包括：有助于学生生成对词汇的感性认识的形象记忆力（听觉、视觉和动觉的）；迅速而准确地区分近似词的能力；迅速形成新的概念的能力；区别词义的能力；迅速理解词的具体（上下文的）意义的能力；识记各种日语词组、短语、成语的能力；在感知日语时迅速认知和理解词的能力；迅速找出必要的日语词来表达自己的思想的能力等。

3. 日语语法规则能力培养的目标要求

日语语法规则教学的能力培养目标主要包括：学生的分辨各种词类和句子成分的能力；察觉日语词汇结构及语法特点的能力；根据语法规则变化单词并将词汇连成句子的能力；迅速而准确地辨认和再现各种句法结构的能力；正确掌握词的一致性关系的能力；具备正写和正读的熟练等。在修辞方面，要具备概括语体词汇和语法特点的能力；辨认和再现各种语体的能力。

（三）情感教学能力培养的目标要求

达尼艾·格尔曼所著的《情感—心理智能指数》一书从五方面分析了情感学习能力，即自我认识能力、自我驾驭能力、自我修正能力、共鸣情感产生、社会协调性。自我认识主要是指对自我情感的理解并由此决定自我意志，对自我能力作出客观评价，拥有获得调和的自信。自我驾驭能力是指为推进自我行为而对情感的有效处理，如致力于目标追求、感受成功的喜悦、从苦恼中很快地解脱出来等。自我修正能力是指为了能够朝着预定目标前进而自我激励、自我导向，发挥内心深处的积极动因，如有上进心，率先行动，发生问题或受到挫折时向前看，不受阻挠等。共鸣情感产生是指了解他人的感觉，理解他人的想法，构筑与他人的相互依存关系，调和并保持这种关系。社会协调能力是指有效处理与人交往过程中产生的各种情感，正确理解社会现实和交际网络，能顺利地与他人交流，有劝导、领导能力，在产生对立时能够巧妙交涉，解决纠纷，重视团队协作氛围的创建。

一般而言，可以把日语学习的情感态度能力归纳为：学习愿望与兴趣的培养能力；树立良好学习动机能力；调节个人情绪的能力；勇敢、积极地参与语言实践的能力；与他人的协作能力；探索精神与毅力；培养克服困难的勇气和决心的能力；吃苦精神；人际交往能力。帮助学生适时地调节自我学习心理特点，是教师教学过程中对学生情感态度培养的目标。

（四）策略学习能力培养的目标要求

策略学习是学习者为掌握某种知识和技能所采用的一系列方式方法。通常从四个方面来理解：认知策略、调控策略、资源策略、交际策略。日语能力的形成除了受教学策略的影响外，还需要通过对学生的学习实践活动来体现。日语能力形成的一个重要条件就是学习策略的选择。

日语学习活动中策略学习的能力主要包括：选择有效感知、记忆、联想等方法的能力；选择合理预习、复习策略的能力；有效理解知识和概念的能力；主动探索符合日语学习规律的学习技巧的能力；调节学习中自我生理与心理机能的能力；正确评价自我学习的能力；监控自我学习的能力；管理自我学习的能力；在团队学习中发现及借鉴他人学习方法的能力；选择既适合自我个性心理特征又有效促进交际的行为方式的能力。帮助学生了解学习过程的心理特点，掌握学习方法和策略，是学习策略能力培养的教学目标。

二、日语教学的遵循原则

日语教学原则是日语教学规律的反映，是在一定的教学原理指导下对学生掌握语言知识和语言技能的基本路子、途径的总说明。不同的日语教学法流派的理论根据不同，对日语教学规律的认识也不同，对反映教学规律的教学原则的认识也不一致。因此，日语教学先要遵循教学一般原则，还要根据语言学、心理学、教育学、生理学、系统论等科学的最新研究成果，吸取各教学法流派的优点，制定适合我国学习者开展日语教学的基本原则。

当前教育的终极目标就是培养全面人才。作为国民教育的一个组成部分，日语教学也肩负着这个使命。人的发展包括内因和外因两个因素。内因是指正常的健康的个体身心内部发展要素，主要有两个方面：一是遗传素质；二是人的主观能动性。遗传素质是生物因素，是人的发展的物质基础和前提条件。遗传素质的成熟程度，制约着人的身心发展过程和阶段。主观能动性属于心理范畴，人的主观能动性的性质、方向和水平都离不开教育的培养和塑造。人的发展的外因是指影响个体发展的一切外部客观条件，它包括自然条件和社会条件，在日语教学中通常称之为语言教学环境。人的发展内部因素和外部因素是通过实践活动和教育活动实现和谐统一的。人的发展是教育的宏观目标。日语教学的具体目标是掌握语言知识，培养语言技能，实现这一目标，必须通过教师的教学实践和学生的语言实践来完成。因此，日语教学原则必须遵循教育方针，符合教学规律和语言学习规律，为完成语言教学的根本任务服务。

（一）有效激发学生学习动机

"有领导的认识"是教学活动的特点之一。没有教师的主导作用，学生是难以自行达到掌握陌生语言文化知识和技能任务的。教师对于教学任务能否完成和教学效果的优劣都负有主要责任。然而，学生才是教学活动的主体。教师的主导作用主要在于激发学生的求知欲和学习兴趣，建立积极的日语学习动机，使他们能够自觉主动地学习。离开了这一方面，学生对于语言知识和技能的真正掌握、学生智力的发展、学生态度感情的成熟和提高都是不可能的。

学习动机是推动学生进行学习活动的内在原因，是激励、指引学生学习的强大动力。其心理因素包括：学习的需要，对学习的必要性的认识及信念；学习兴趣、爱好或习惯等。从事学习活动，除要有学习的需要外，还要有满足这种需要的学习目标。由学习目标指引着学习的方向，可把它称为学习的诱因。学习目标同学生的需要一起，成为学习动机的重要构成因素。

学生的学习动机可以通过教育教学过程加以培养。培养学生的学习动机对教师的要求有：①通过目标设立、奖惩机制、选择备受关注的热点问题等激发、启发学生的学习自觉性；②激发学生的好奇心与求知欲，帮助学生通过直观或实践活动形成稳定的学习兴趣；③根据阿特金森的成就动机理论，总是给学生提供难易度系数为50%的学习内容，因为在这个难易系数度时学生的学习动机最强；④对于缺乏学习动力的学生，还可以利用其爱好诸如日本动漫、网络游戏等原有动机，通过必须掌握知识才能完成的影视欣赏或游戏任务造成动机的迁移，以形成学习的需要。

当学生已经有了种种学习需要之后，为了将其维持、加强或进一步发展，还必须做好动机的激发工作。激发学生的学习动机，对教师的要求有：①采取启发式教学、讨论式教学、辩论式教学等新颖而生动的教学方法，激发学生的参与语言实践活动意识，提高其语言应用能力和水平。②创设问题情境启发学生积极思维。为此，教师要熟悉教材，掌握教材的结构，了解新旧知识之间的内在联系，还要了解学生已有的认知结构状态，使新的学习内容与学生已有发展水平构成一个适当的跨度。创设问题情境的方式可以多种多样，既可以用教师设问的方式提出，也可以作业的方式提出；既可以从新旧教材的联系方面引入，也可以通过学生的日常经验引入。在教学过程和教学结束时，也可以创设问题情境。问题情境创设的方式可以多种多样，并且应该贯穿整个教学过程的始终。③创造轻松自由的课堂气氛，避免学生过度紧张和焦虑。④适当开展学习竞赛，处理好竞争与合作的关系，建设合作型课堂结构。⑤在对学生进行评价时，奖励和惩罚对于学生动机的激发具有不同的作用。一般而言，表扬与奖励比批评与指责能更有效地激发学生的学习动机，因为前者能使学生获得成就感，增强自信心，而后者恰恰起到相反的作用。教师要针对不同对象把握有效的奖惩尺度，维护好学生的学习动机，促使学生努力学习。

激发学生学习动机的方式和手段多种多样。只要教师们有效地利用上述手段来调动学生学习的积极性，学生就有可能学得积极主动，并学有成效。

（二）处理好汉语与日语的关系

日语教学法视其对母语的态度分为两大学派：翻译法和直接法。翻译法充分发挥母语在日语学习过程中的作用；直接法在日语学习过程中完全排斥母语。可见，在日语教学过程中，如何处理好作为母语的汉语和日语的关系，直接影响教学方法的选择和教学效果。

语言是约定俗成的，语言具有民族性和科学性。语言学上日语和汉语属于不同语系，汉语属于汉藏语系分析语，有声调。汉语的文字系统——汉字是一种意音文字，表意的同时也具备一定的表音功能。而日语属于黏着语，通过在词语上粘贴语法成分来构成句子，称为活用，其间的结合并不紧密，不改变原来词汇的含义只表示语法功能，但其语言系属有不同观点，主要包括：①可划入阿尔泰语系；②可划入扶余语系、南岛语系；③可划入孤立语言或日本语系。

虽然两种语言都属独立的语言，截然不同，但是，中日两国的交流源远流长，日语的文字起源于汉语的偏旁部首和草书体，日语的许多词汇来源于汉语，汉语和日语在语音、语调、词汇、品词概念、句子结构等方面都有相同或相似之处。从外语教学以培养学习者外语思维能力为重点的观点出发，日语教学需要努力克服母语干扰。然而，两种语言之间存在如此多的一致性，对日语学习者而言，既带来了正面的影响，又产生了负面的作用。因此，必须切实处理好母语与日语之间的关系。

在日语教学过程中切实有效处理好母语与日语的关系，对于教师有以下基本要求：

1. 有效利用汉语的正迁移

语言迁移是指母语的影响进入第二语言的习得，包括语言上的影响。如语音、语汇、语法、语义等方面的影响。语言迁移还包括语言之外因素的影响，如思维模式、文化传统、社会历史等方面的影响。认知主义学派的注意力主要投向迁移的制约性因素，以及迁移的认知准则研究。所谓迁移的制约性因素研究就是研究由哪些因素制约迁移的发生和隐退。

中国的日语学习者在日语学习过程中，先要解决的是汉语母语的语言迁移问题。

日语与汉语在历史上有过几个相互吸收的阶段。日本在绳文时代是没有文字的。公元四五世纪，汉语传入日本，主要为一部分识字阶层所习用。后来随着中国文化制度和思想学说的传入以及佛教的普及，汉语才逐渐深入融合到一般人所使用的日语中去。很多日语单词的读音也是由当时传入日本的汉语单词的发音演化来的。到了飞鸟平安时代（公元600年左右），受到隋唐文化的影响，借用汉字的某些偏旁部首以及草书体汉字，日本创造了片假名和平假名，使日语有了完整的表记体系。日语中的汉字最少有三种读音，多的有十几种，音读（就是模仿古汉语的发音）有的是唐音、汉音，有的是唐宋音，训读有至少一种（日语固有的读音）。明治维新以后，日本学习西方文化，为翻译西方大量的人文、社会、自然科学的书籍，创造了大量汉字词汇，如"电信""铁道""哲学"等，同时赋予固有的汉字词汇以新义，如"革命""文化"等。后来这些词汇也传入中国，使得日语对现代汉语的发展产生了一定影响。20世纪八九十年代之后，以动漫为主的日本文化风靡中国，又有很多新鲜词汇融入汉语，如"亲子"等。同时，随着中国在国际上地位的提升，日本也越来越重视中国，一些日语里没有的汉语新词汇也被照搬入日语。

汉语和日语在历史上始终呈现出紧密的互动，这与两国经济、文化等各方面的广泛交流是分不开的。日语教学过程中，这些互相融合的语言文化对中国的学习者而言，相对于欧美的学习者，是一种优势。特别是学习日语当用汉字时，没有哪个国家的学习者能超过中国学习者。此外，同属于东方儒佛文化圈的中国和日本，在价值观、传统思想方面有着同源的特点。例如，中国和日本都崇尚"和为贵""仁礼孝"等，文化差异性小，这就减少了中国的日语学习者跨文化学习的压力。有效利用汉语与日语语言上、文化背景上的相似或相近的特点，促进汉语固有知识和经验在日语学习过程中的正迁移，是日语教师必须坚守的原则。说到学习迁移，中国的学生在日语学习之前，许多人第一外语学习了英语。应该看到，这种东西方文化差异很大的语言学习，开拓了学习者跨文化学习的能力，日语近代以后大量引进西方文化，语言词汇中也有大量的外来语。在学习迁移中，教师也应该关注到英语学习对日语学习的迁移作用。

2. 努力克服母语的干扰

汉、日语言的相近性可以为中国的日语学习者学习日语带来便捷，也会带来困扰。首先，日语中虽然使用大量的汉字，但是有些日语汉字的语义已经与现代汉语的意义截然不同。一些日本人自主简化了的汉字，与汉语相近却不相同，还有日语自主创造的汉字。相近才会容易出错，母语的干扰此时有副作用。

此外，日语中的长短音、促音、浊音等发音是汉语中所没有的。汉语的语序是"主-谓-宾"结构，日语是"主-宾-谓"结构，谓语在句子末尾，对于习惯汉语表达方式的学习者而言，语言思维的转换是学习的最大困难。日语的句子成分在句子中的作用和地位是由助词来决定的，语序不决定语义，这些都与汉语有很大差异。学习者对于语言规则的认识、掌握、熟练过程中，必然会遭遇到母语的强烈干扰。所以，在初学者乃至于学习很长时间日语的学习者身上，总能发生"汉语式日语"的情况。此时，教师的指导就能发挥积极作用。

教学过程中，教师在排除母语干扰方面要选择好的材料，合理分配时间，安排好教学重点，精心设计练习体系。教授时需要"提点学生"，不必要展开分析，不能在有限的课堂教学时间内全力专注于区分汉语、日语，要引导学生有目的、有计划地克服母语的干扰。

3. 把握母语使用的原则

学生在学习和使用日语语言必然要经历两个阶段：一是日汉、汉日的翻译过程，这是学习的初级阶段；二是完全用日语思维，排除翻译的过程，这是学习的高级阶段。学生在掌握日语过程中，总要经历"自觉到不自觉"的过程，也就是先借助母语作为日语与概念的中介来学习和使用日语，而后逐渐摒弃这个中介，在日语和概念之间建立起直接联系，这是使用日语的内部心理机制的一个质的变化。掌握日语的过程就是实现飞跃的过程。而要实现飞跃，关键在于反复实践。

学习者在控制使用母语翻译过程中，有积极和消极两种类型：自我调控能力强、能自觉训练排除母语翻译过程的学生，进步快，口语能力强，语速快，属于积极的类型；反之，是消极类型。为促进学生抛开母语中介，达成学习质的飞跃，教师对学生学习的有效指导，需要引导学生在听力、会话、阅读、写作过程中逐步养成"直读直解"的习惯，学会用日语思维。教师在课堂上尽量不说或者少说汉语。同时直观释义法或者日语解读法都是有利于克服母语干扰、培养日语思维能力的有效教学方法。

在教学过程中，对待母语汉语既要控制使用又要利用。翻译法只讲利用不讲限制，直接法只讲限制不讲利用，两者都具有片面性。因此，用翻译法释义是最节省时间的授课手段，但是，它并不是最理想的手段。由于语言并不是一一对应的，翻译释义有时候很危险，容易引起学生片面理解词汇意义，造成语义误读。一个词会产生多种意义，用许多的汉语词汇来翻译，只会带来记忆困难。所以，无论是从语言思维的培养角度还是从准确认知并正确运用语言的角度，通常建议用日语授课。

一般而言，可以使用汉语翻译的情况有三个方面：第一，用日语或者直观法难以释义的词汇、成语、句子、语篇可以适当使用汉语翻译或解释，节省教学时间；第二，作为检查学生对知识的掌握情况的手段，教师可以用翻译法；第三，区分日、汉语言规则和概念时，可以适当使用汉语；第四，区分日语近义词意义时，可以适当使用母语翻译。

（三）以提高学生综合素质为目标

人的素质是指人所具有的从事某种活动的生理、心理条件或身心发展水平。其中包括人的先天禀赋和被内化了的后天教育、影响诸因素。人的素质可分为个体（个人素质）的和群体的（民族素质等）。就个体的人而言，其素质又有生理的（身体的）的和心理等诸项。其中心理的既包括知觉、记忆、想象、思维、情绪、情感等与生俱来的心理特质，也包括被内化的属于文化范畴的思想的、道德的等社会性心理内容。

日语教学除了使学生掌握日语知识和技能外，还要通过日语课内外的学习提高文化修养，受到思想教育、道德教育、人生观、价值观的教育，同时还要开启学生智力，培养能力，把日语教学与人的全面发展这一教育教养任务有机结合起来。

提高学生的综合素质，对教师的要求有：一是认真钻研教材，综合地、灵活地运用教材。日语教学中思想教育的源泉是教科书中的课文。任何一篇课文都要表达一定的思想内容。提炼文章的思想内涵，既可以对学生进行跨文化教育，陶冶情操和品格，也可以对语篇教学内容开展综合性训练，对熟练掌握运用新知识、把握语言文化内涵有促进作用。因此，思想性内容的教学与语篇（字、词、句）教学并不矛盾，而是互为依存，互为促进的。二是在教学过程中要注重挖掘学生的智力潜能，发展学生的智力水平。日语学习的智力要素主要包括语言感知能力、观察力、记忆力、联想力、逻辑思维能力、创造力以及学生的自学能力。三是在教学活动中要注重对学生四项基本技能的培养，称之为日语学习的能力要素，它包括听解能力、会话能力、阅读能力、写作能力，也有学者把翻译能力也纳入日语能力要素范畴。

（四）创设各种形式语言学习环境

在中国开展日语教学活动的特点之一在于它是一种间接认识，学生在教学中是以学习书本知识为主。生活中的语言是鲜活的，有时候语言规则也不能完全解答现实中所使用的语言现象，更何况作为外语的日语语言与学生的生活和他们自己的个人经验存在相当的差距，有些甚至是完全陌生的。而人的认识总是从感性上升到理性，从具体过渡到抽象，完全没有感性认识和具体形象做基础和支撑，是不可能真正掌握语言概念和文化背景知识的。由于书本知识与学生之间客观存在的距离，学生们在学习和理解的过程中必然会发生各种各样的困难和障碍，创设多种形式的语言环境和语言学习环境，对学生的成长有重要意义。创设语境可以采取如下措施：

第一，实物直观。实物直观是通过实物进行的，即直接将对象呈现在学生面前。在跨文化学习的日常生活中，当涉及较为陌生的内容时，实物直观的展示被认为是最为真实、有效且充分的方式，能够为学生提供必要的感性经验，有助于他们理解和掌握所学内容。

第二，模象直观。模像直观是运用各种手段对实物的模拟，包括图片、图表、模型、幻灯、录音、录像、电影、电视等。实物直观虽然具有真实有效的特点，但往往由于受到实际条件的限制而无法使用，而模象直观则能够有效地弥补实物直观的缺憾，特别是现代技术在教育领域的应用，使得模象直观的范围更加广阔，无论是历史还是现实，都能够借助某种技术手段达到直观的效果。

第三，语言直观。语言直观是教师运用自己的语言，借助学生已有的知识经验进行比喻描述，引起学生的感性认识，达到直观的效果。与前两种直观相比，语言直观可以最大限度地摆脱时间、空间、物质条件的限制，是最为便利和最为经济的。语言直观的运用效果主要取决于教师本人的素质和修养。

第四，完善教学条件设施。在科学技术高度发达的当代，日语教学外部环境已经达到一个相当的水平，日语教学所需要的图书情报资料、影像设备、网络媒体资源为创设语言学习环境提供了可能。

在日语教学中切实有效创设好的语言环境和语言学习环境，对于教师的基本要求有：一是恰当地选择直观手段。教学课程内容、目标不同，教学任务不同，学生年龄特征不同，所需要的直观手段也不同。二是直观是手段而不是目的。一般而言，在教学内容对于学生比较生疏，学生在理解和掌握上遇到困难或障碍时，才需要教师运用直观手段。为直观而直观，只能导致教学效率的降低。三是在直观的基础上提高学生的认识。直观给予学生的是感性经验，而教学的根本任务在于让学生掌握理论知识，因此教师应当在运用直观时注意指导，如通过提问和解释鼓励学生细致深入地观察，启发学生区分主次轻重，引导学生思考现象和本质及原因和结果等。四是合理选择教学优质资源，应用最有利于学生理解、掌握教学内容的教学技术手段和教学方法，不走形式，不浪费宝贵的课堂教学时间。

（五）教学评价需要促进教学质量

教学评价是依据教学目标对教学过程及结果进行价值判断并为教学决策服务的活动。

教学评价是研究教师的教和学生的学的价值的过程。教学评价一般包括对教学过程中教师、学生、教学内容、教学方法手段、教学环境、教学管理诸因素的评价，但主要是对学生学习效果的评价和教师教学工作过程的评价。

教学评价的两个核心环节：对教师教学工作（教学设计、组织、实施等）的评价——教师教学评估（课堂、课外）、对学生学习效果的评价——即考试与测验。评价的方法主要有量化评价和质性评价。

对教师实施的教学评价主要包括三类人群：教育管理部门的负责人（包括督导）；同行；学生。在学校教育中对学生实施评价的主要是教师和代表各级各类教育管理部门组织的考试评价。教学评价的方法包括：测验、征答、观察提问、作业检查、听课和评课等。

教学评价的作用主要在于：①诊断作用。对教学效果进行评价，可以了解教学各方面的情况，从而判断它的质量和水平、成效和缺陷。全面客观的评价工作不仅能估计学生的成绩在多大程度上实现了教学目标，而且能解释成绩不良的原因，并找出主要因素。②激励作用。评价对教师和学生具有监督和强化作用。通过评价反映出教师的教学效果和学生的学习成绩。经验和研究都表明，在一定的限度内，经常进行记录成绩的测验对学生的学习动机具有很大的激发作用，可以有效地推动课堂学习。③调节作用。评价发出的信息可以使师生知道自己的教和学的情况，教师和学生可以根据反馈信息修订计划，调整教学的行为，从而有效地工作以达到所规定的目标。④教学作用。评价本身也是一种教学活动。在这个活动中，学生的知识、技能将获得长进，智力和品德也有发展。

日语教学法讨论教学评价的原则，主要是从教师评价学生的角度出发。对于教师的基本要求有：①明确多次评价的目的和评价对象，以解决评价的方向性问题；②明确每次评价的内容、评价的具体目标；③明确为评价而准备的条件；④对评价资料进行客观、科学地判断。

（六）重视跨文化交际能力的培养

日语教学的主要目的是培养学生的交际能力，而交际能力主要是由语言能力和社交能力构成。交际是通过言语和非言语行为来实现的，不了解对象国的文化不可能真正具备跨文化交际能力，交际行为也受使用者的文化制约，同时也是其文化的载体。"日语是高等教育的语言科目之一，融入跨文化知识，能拓宽学生的视野，能提升学生的语言素养。在素质教育背景下，依托语言教学提升学生的综合素养是语言类科目教学改革的目标。"[1]

---

① 孙小惠. 跨文化教育在日语教学中的融入初探 [J]. 文存阅刊，2020（46）：74.

在日语教学中，对跨文化交际能力的培养应着重研究干扰交际的文化因素。这些因素包括语言手段、非语言手段、社交准则、社会组织、价值观念等。语言包括词语的文化内涵、篇章结构、逻辑思维以及翻译等值等方面。非语言手段指手势、身势、服饰、音调高低、微笑、沉默、对时间与空间的不同观念等。社交准则泛指人们交往中必须遵循的各种规则以及某些风俗习惯。社会组织指家庭中各成员的关系、同事朋友关系、上下级关系等。价值观念包括人与自然的关系、道德标准以及人生观、世界观等。

重视对学生跨文化交际能力的培养，主要作用在于：①了解不同文化的交际功能模式，能使学生进一步意识到不同文化背景下的人们惯用的言行交际方式；②了解不同的文化行为及其功能，增强学生对不同文化背景的人们的通常行为的了解，并把它们与受自身文化影响的行为联系起来；③了解不同文化背景的人们的人生观、世界观、价值观及道德标准，增强学生对自身文化的意识以及对不同文化、不同道德标准的人们的理解；④了解不同文化背景的人们的日常生活模式和言语及非言语行为方式，重点是人们日常生活中的常见行为，帮助学生了解具体情景的行为原则。

在日语教学中贯彻这一原则，对于教师的基本要求有：①明确跨文化能力培养的主要任务，即培养学生对人们的行为都会受到文化的影响的理解力；增强学生对在一般情况下日本文化中常规行为的意识；增强学生对日语中的词和短语的文化内涵的意识；培养学生用实例对日本文化进行评价和完善的能力；培养学生获取日本文化信息并对其进行加工整理的能力；激发学生对日本文化的求知欲并鼓励学生体验与日本人的文化共鸣。②掌握跨文化能力培养的基本方法，如对比法、交际法、演示法、实物以及图片参照法、讨论法等。③注重行为文化的导入，要把语言习得和文化习得有机结合起来，使学生通过学习获得语言能力、言语能力和交际能力。

任何一个教学原则的确定都要符合教育现代化的目标。教育现代化的内在特征表现为教育民主化和教育主体性。教育民主化包括受教育的机会均等——不仅是指入学机会均等和获得知识方面的均等，还包括充分发挥每一个个体的内在潜力以获得本领方面的均等；均等地改变所有教师和学生学习、工作和生活条件；师生关系的民主平等含义。教育主体性有两层含义：一是尊重学生个体的主体性，让学生主动地、自由地负责；二是尊重教育的自主权，尊重教育的相对独立性，打破模式化教育，用多样化教育造就富于个性的一代新人。

（七）教师指导与学生自觉学习相结合

教师指导与学生自觉学习相结合原则，是为了将教学活动中教师的教学过程主导作用和学生学习行为的主体地位统一起来而提出的。

教学活动中，到底应该以教师为中心还是应该以学生为中心，一直是教育史上重大的争论问题。如赫尔巴特所强调的"教师的权威"主张"教师主体"；杜威的"儿童中心论"主张"学生主体"。还有采取折中的态度的理论，如"教师学生双主体论"。虽然在具体教学活动中，一节课内可以一段时间教师为主体，一段时间学生为主体，但是学生这个主体是指活动行为的主体，不是教学过程总设计、总指导意义上的主体，"双主体"的观点只针对行为本身，不代表教育思想。此外，在一个课堂上也不可能同一时间出现两个活动主体，所以可以忽略这种折中的主张。

就教育过程的本质和教师的作用而言，在整个教育教学过程中，教师应处于主导地位，主要原因在于：①教师是教育方针、教育计划的贯彻执行者，教师主导着学生的发展方向和质量；②教育本身是有目的有计划的育人过程，人的发展是在教育过程中靠教育者有组织有计划地系统实现的，任何教学大纲、教学计划和教科书都取代不了教师在培养人方面所起的作用；③教师受过专门训练，具有扎实的专业知识和教学经验，懂得教育规律，掌握教学方法，因此，学生的学习只有在教师的指导下才能在短时间内取得最佳效果。但是，教育过程是师生的双边活动，必然也离不开学生的积极主动参与。调动学生的积极性与主动性，不仅是教师主导作用的内涵之一，也是衡量教师主导作用发挥程度的重要标志。因此，就教育过程的总体而言，在教与学这两个主体的关系上，教师是主导的。

学生是学习的主体，在教育过程中，学生是学习任务的主要承担者。相对于学习内容而言，学生是学习的主人，与学生主体相对应的是学习的客体，它不仅包括教师所施加的一切教育影响，也包括教师本身。因此，认识到学生的主体地位，可以提示教师在教的过程中想到学生的学，并自觉调动学生的学习积极性和主动性。在教育过程中，学生具有主体和客体的双重属性。

承认学生的客体地位是教师发挥主导作用的前提，明确学生的主体地位是提高教育活动效果的关键与根本。在教学中要充分调动学生学习的自觉性和积极性，使得学生能够主动地学习，以达到对所学知识的理解和掌握。针对教师指导和学生自觉学习相结合的原则，对教师有以下基本要求：

第一，激发学生的积极思维。教师的启发应当能够激起学生紧张、活泼的智力活动，从而使学生深刻地理解、掌握知识，获得多方面的体验和锻炼发展。因此，启发应当选择那些具有一定难度、需要学生进行比较复杂的思维活动，但又是他们通过自觉积极的思考能够得到基本正确结果的问题来进行。简单的事实和记忆性的知识，即使顺利地"启发"出结果，价值也是有限的。

第二，确立学生的主体地位。学生是学习的主人，教师的启发只有在切合学生实际时才可能避免盲目性，只有承认学生的主体地位，真正研究和了解学生的学习需要，教师的启发才可能是有针对性的和有效的。

第三，建立民主平等的师生关系。在权威式的师生关系中，教师是凌驾于学生之上的真理代言人和学术权威，学生很难真正做到自由地、充分地提问和思考。只有当学生真正感受到教师将自己当作人格上与之完全平等的人，他们的学习自觉性才可能真正地调动起来。

第四，教师要面向每一个学生，充分了解学生。现代教育强调，不能够要求学生适应教育，而是要使教育适应学生。除学习成绩以外，学生的个性特征的各个方面、家庭背景、生活经历等，都是教师因材施教所需要了解的。

第五，尊重学生的差异。学生的差异不仅是客观存在的，而且是合理的。日语教学各阶段的课程目标都包括一级目标、二级目标，在达到各目标标准的基础上，教师应当允许学生存在不同方面、不同水平的差异，并且针对每一个学生的具体条件，帮助他获得最适宜的个性发展，而不是去普遍地增加难度和深度。良好教育的结果是培养出大批个性充分发展的人。

（八）处理好语言知识教学和语言技能教学的关系

在语言学中，当语言和言语作为术语而对立使用时，语言指的是语音、语法、词汇系统；言语指的是用语言进行听说读写交际活动。语言是社会共性的，言语是个人差异性的、具体的。在日语教学中，重视语言，就会以教授语言形式、结构规则为主，以分析讲授为教学模式，教学活动中心是教师，教学设计多为封闭的、固定的模式；重视言语，就会以语言实践为主，以学生为活动中心，根据语言话题、内容、语义、语境等的变化，教学设计多为开放的、弹性的模式。

日语知识的获得和能力的培养究竟是怎样达成的，听说习惯习得理论认为："语言是习惯的体系"。日语学习靠模仿记忆，反复操练，直到新的语言习惯形成。但是，它重视语言学习的条件反射训练，忽视人的主观能动性、逻辑思考力和理论知识的作用，有其片面性。认知学习理论认为，语言学习是一种创造性的活动，要重视智力和掌握语言规则，但是它对语言技能的形成需要通过反复实践认识不足。掌握一门语言，语言知识是基础，是言语能力形成的前提保证，言语技能是语言学习的最终目标，使学生能自如准确运用语言进行交际活动，是日语教学的根本目的和任务。日语教学必须要把语言知识学习和言语技能训练作为同等重要的任务来完成。

　　语言知识是有限的，词汇、语法是约定俗成的，有一定规律可循。选取难易度、知识内容都符合教学目标设计的教科书，设计合理的教学计划和课程计划，这样在教师的指导下，学生就能够达成掌握知识的目的。言语技能的培养则需要更长的时间。日语知识的掌握过程由五个认识活动的环节构成，即教材的直观、教材的概括、教材的识记、教材的保持和教材的具体化。教材的直观和概括是由教师主导完成的，教材的识记、保持和具体化是学生的行为，必须通过反复训练、巩固记忆才能达到纯熟。所以，比较起知识的传授，教师在对学生进行听说读写能力培养方面要付出更多的努力和设计。

　　处理好语言知识教学和语言技能教学关系，对于教师有以下基本要求：

　　第一，课堂教学要重视语言实践，精讲多练，以练为主。正确使用语言需要懂得概念和理论，但是教学过程中至关重要的与其说是传授语言知识，讲授语言理论，不如说是培养言语能力，让学生掌握语言使用方法。一般而言，课堂教学的讲练比例应该为1∶5。教师的讲解是必须的，在讲授方面重在"精"：一是精选语言材料；二是精炼地、精确地讲解语言。多练是对立于讲而提出的，多练不仅仅指练习量多，练习时间多，更重要的在于善练：一是指练习要科学化；二是指练习要有针对性、目的性；三是指练习要有助于培养听、说、写等语言交际能力；四是指练习要符合学生的日语学习心理过程。

　　第二，语言技能培养方面要四会并重、阶段侧重、全面提高。听、说、读、写既是教学目的，又是教学手段，无论从交际的角度还是从教学的角度来看，这四个方面都是一个整体，相互联系、相互制约、相互依存、相互促进的。

　　说和听属于口语能力，阅读和写作属于书面语能力。日语口语的学习过程是从听开始，学生通过听来模仿、记忆、重复学会说，听为说提供了范例，创造了条件；会说的话是一定听懂的，说可以提高听的准确性。阅读可以接触更多的语言材料，为写作乃至于听说能力提高都有促进作用；写作能促进口语表达的逻辑性和语言表达的准确性。听和读是吸收语言材料的过程，说和写是表达思想的过程。日语教学要在广泛听和读的基础上进行说和写的训练，在说和写的活动中巩固听和读所获得的语言材料，要做到听说读写四项基本技能并重，全面提高言语能力。

　　大脑生理学认为，听说读写各有各的生理机制，某一个言语技能的训练必须要独立进行，不能相互替代。一般而言，在初级阶段的日语教学中，口语能力培养是主要任务，要侧重听说能力的培养，以读和写的练习来巩固听说训练中掌握的语言材料；中级阶段在继续发展口语的同时要加强读、写的训练；高级阶段阅读的训练成为首要任务，同时兼顾口语训练。

　　第三，语言知识教学方面要处理好课文教学和语音、词汇、语法教学的关系。语言体系内部包括语音、词汇、语法三个要素。语音是语言的外壳，词汇是语言的建筑材料，语法是一个个孤立的词汇的黏合剂，三者统一，才能使语言成为交际的工具。

日语教学大纲是把学生必须掌握的词汇和句型按照五十音图的顺序逐一列出，把语法项目归类列出。但是，大纲只能是教学纲要和指导，不能够代替教科书应用于教学过程中。教科书有别于大纲的主要区别就在于，教科书的设计还包括课文、练习，它把孤立的语言三要素按照一定计划，选择合适的语篇并按照一定顺序串联起来。因此，在教学中要依据这个体系，善于运用这个体系，发挥课文的知识内涵、思想内涵、练习体系的作用，达到掌握语言和运用语言的目的。所以，在处理语言要素的权重方面，先要关注粘合语言三要素的课文。

课文教学规定了语法、词汇、语音知识的讲解范围和教学内容，按照初、中、高级阶段技能教学的不同侧重，课文教学在方法上可以发挥统筹、协调的作用。

课文教学不能全部解决语言规则的问题，如果不能有效地解决语音、词汇、语法的问题，课文的教学也无法进行。所以，对语言三要素的单项训练也不容忽视。有教师在精读课教学上采取先讲生词，再讲语法，然后进入课文和练习；也有的教师以课文段落为单位，逐段讲解生词和新的语法。两种做法都有利弊。

先讲新知识就会略讲课文，语言的练习会集中在一个个知识点上，对掌握新知识有益，对课文进行综合训练会有所不足；逐段讲解新知识点，会以本课要解决的问题为核心，不利于新知识点的系统化和单独训练。教学过程中无论采取哪种做法，如果能够做好教学设计，有意识规避这些弊端，就能够保证教学方法的合理性和科学性。

通常建议根据日语不同教学阶段，采取不同的教学模式：初级阶段重在听说，对学习者而言，新知识多，语法规则入门较难，所以要以先讲知识后讲课文为主，无论是语言知识教学还是课文教学都要贯彻听说领先、以练为主的方针；高级阶段重在阅读，新的语法规则减少，词汇量增大，词汇学习属于机械记忆的内容多，可以安排课前预习来解决，此时可以围绕课文开展教学。还应明确的是，在课文内的语言知识是零散的、不系统的，缺乏规律性的。一段时间对语言知识的归纳整合，使知识系统化，有助于学生建立起学科知识结构，宏观把握知识。

第四，课堂内外都要关注知识的巩固和应用。教学活动是不间断地、连续地进行的。学生要不断地学习、记忆新知识，而人的记忆和遗忘是同一事物的两个方面，在学习新知识的同时必然会产生对旧知识的遗忘，因此在教学中需要进行不断的巩固工作，通过练习、复习，帮助学生牢固地掌握所学知识。巩固的意义不仅在于强化旧知识，也有助于学习新知识，因为知识是有内在联系的，旧知识是新知识的基础。

　　在教学中贯彻这一原则，对于教师的基本要求为：一是在理解的基础上巩固。对于所学知识的理解是巩固的前提。教师首先应当保证学生学懂学会，才有可能获得巩固的良好效果。二是保证巩固方式的科学性。心理学研究揭示了关于记忆和遗忘的一些规律，按照这些规律组织安排，可以提高巩固的效率。教师应当熟悉并且善于运用这些规律。三是巩固的具体方式要多样化。除了常见的各种书面作业外，教师应当善于利用各种不同的方式帮助学生巩固所学知识，如调查、制作、实践等，都能够使学生通过将知识运用于实际有效地达到巩固的目的，并且能够促进学生多方面的发展。四是保证学生的身心健康。并不是作业越多巩固的效果越好。合理地安排巩固是考验教师教学能力的一个重要指标。五是恰当地把握教学难度。什么样的程度和水平最符合量力性的要求，很难有固定、确切的具体标准，需要根据心理学揭示的普遍规律和对学生的具体研究，由教师自己来把握，这是教师劳动创造性的体现，是需要教师不断思考、不断解决的问题。

第三节　日语教学中的具体方法分析

一、日语教学方法的理论基础

（一）日语教学法与哲学、语言学

1. 日语教学法与哲学

　　哲学，特别是辩证唯物主义认识论和方法论是日语教育教学法的指导思想的理论基础，是认识日语教育教学法中各种矛盾的本质和正确处理矛盾的根本武器。

　　在研究教育科学时，要肯定教学规律是客观存在的，不以人们的主观意志为转移，同时还要认识到随着科学的进步、时代的发展，人们对教学方法的研究也会随之发展变化。就日语教学法体系而言，经历了语法翻译法、直接法、自觉对比法、口语法、视听法、认知法、自觉实践法、功能法、交际法等阶段。每一个教学方法的出现，都是与各种方法相互交叉、互为补充的，是为适应当时社会历史时期日语教学需求而产生的。每一种方法的产生又对旧的教学方法产生了推进和促进作用，完善了旧的教学方法所没有涵盖的内容。辩证唯物主义关于发展的观点揭示了人们对日语教学发展过程和一般规律的认识过程。此外，任何教学法理论都要受到教学实践的检验。日语教学是一个多组成（教学内容的多样性）、多层次（教学目的的多样性）、多因素的复杂过程，存在多重矛盾，在探索过程的规律，观察矛盾的对立、统一和发展时，必须联系具体的时间、地点、对象、条件，注意矛盾的共性和个性，注意矛盾的主要方面，坚持具体问题具体分析。

2. 日语教学法与语言学

语言是交际的最重要的工具。学习语言要注意它的物质结构，更要注重其交际功能。任何日语课程的最终目标都是要使学生利用所掌握的语言知识达到交际的目的。语言是思维的外壳，母语水平是思维能力的重要反映，母语思维习惯对日语思维习惯的养成具有干扰作用。语言和言语是不同的概念。语言是音义结合的词汇和语法的体系，言语是在特定的语境中为完成特定任务时对语言的使用。语言和言语互为依存。语言的社会功能表现为言语时才能体现。言语要以语言为基础，不能脱离语言规则。语言是体系，言语是行为。语言和言语的关系表明，日语在内的外语教学的最终目的应该是培养言语能力或交际能力，日语教学的内容不仅指语言知识，也指听说读写行为，教育教学方法不仅要根据学习语言知识的需要进行设计，更要根据培养听说读写的能力需要进行设计。

（二）日语教学法与心理学、系统科学

1. 日语教学法与心理学

心理学是研究人们的心理过程，研究人们的思维、记忆、想象、意志等心理过程及其规律的科学。人的心理就是脑的特征，生理是心理的基础。教学活动是师生的共同活动，教学的成败取决于师生双方的积极性。学习的过程是认知的过程，与心理活动密不可分。为把教学组织得合理并卓有成效，必须要关注教学实施者的教师心理和作为教学主体的学生心理，了解他们的一般生理和心理特点，掌握师生在教学过程中的心理规律、智力因素、非智力因素和个性因素的和谐作用。行为主义心理学和认知心理学的基本规律，是指导日语技能训练和日语学习能力培养的重要依据。心理学可以指导教师和学生在教学过程中找到动机、自尊、自信、自觉性、自主感、记忆技巧及规律等。

教育心理学是研究学生在教育影响下形成道德和品质、掌握知识和技能、发展智力和个性的心理规律，是与日语教学法紧密相邻的学科。教育心理学关于学习动机、兴趣、学习知觉、表象、思维的相互作用的研究，关于掌握知识和技能的心理规律研究等，都与日语教学法有着直接的关系。

心理语言学或语言心理学研究人们习得、学习和使用语言的心理规律，主要侧重于母语和第二语言的习得和学习等的心理规律，关注不同年龄、母语水平、学习环境和学习动因、学习内容对第二语言学习的影响，心理语言学的研究成果有助于日语教学法建立新的

理论，对教学实践有指导作用。

2. 日语教学法与系统科学

系统论是把认识对象作为系统来认识。日语教学法的认识对象是日语教学，把日语教学看作系统，则必然要采用系统论的方法处理日语教学的有关问题。

系统是由许多相互联系和相互作用的部分（要素），按照一定层次和结构所组成并且具有特定功能的有机整体，所以系统就是整体。在教育科学中，人们长期研究学生、教师、教材、班级等教学组成部分，说明人们思想中还没有把教学作为一个整体对待。在应用语言学研究中，人们专注于语言教学的客观性，较少触及学习主体，基本不谈教育环境，这违背了日语教学的基本规律。所以，必须强调日语教学是一个系统，这是基本的教学观点。

从系统论的观点出发研究日语教育教学法，有以下意义：①有助于教师准确把握教育目标，明确日语教育是学校教育中的一个要素，要服从教育的整体目标；②有助于教师明确教学任务，不能只管教不管学；③有助于指导教师宏观把握教学内容，不是只了解某一课、某一册书，而是要建立系统的知识结构，明确册、课是教材的要素、子要素，而教材又是教学的要素；④有助于教师克服语言环境困难，利用现有教学条件，不断提供外在语言环境体系系统，为学生学习创造条件。

（三）日语教学法与社会学、人类学

1. 日语教学法与社会学

语言与社会的关系是辩证的，他们存在着错综复杂的关系。社会的本质是人和组织形式：人，确定了社会的规模和活动状态；组织形式，决定了社会的性质。语言是一种社会现象，是人类区别于动物的重要标志，是人与人交际的工具，也是使人与文化融为一体的媒介，它随着人类的形成而形成，也随着人类社会的发展而发展、变化而变化。文化也是一种社会现象和社会精神力量，是人们通过长期的社会实践所创造和形成的产物，是社会历史的积淀物。人类用语言创造了文化，文化又反过来影响了人类，促使人类走向更大的进步。自古以来人类社会积聚下来的文化遗产给语言留下了深刻的烙印，人类的语言是人类社会文化中的语言，它与人类社会、人类的文化有着密切的关系。

社会学理论是社会学家思想的结晶。从孔德的实证主义到吉登斯的结构化理论，从严复的《群学肄言》到孙立平的《断裂》三部曲，社会学理论的发展走过了百余年的历史。在这百余年中，众多社会学家留下了各式各样思想，其中有些还形成独特的门派，这些思想被后人编撰，形成了社会学理论。社会学的功能论、冲突论、过程论、符号互动论、批判论和结构化理论以及产生自 20 世纪 80 年代之后的新功能主义、沟通行动理论、结构化理论、实践社会学理论、理性选择理论、互动仪式链、后现代主义等当代社会学理论，有助于正确认识和准确理解各个国家的社会结构、性质，有助于了解该国家的社会现象，即语言和文化。因此，在日语教学过程中，社会学的理论对语言教学以及语言文化教学有重要指导意义。

此外，社会学要求教学集体的和谐，师生和谐，学生间和谐，教师间和谐，教师与学生家长的和谐，学生和家长的和谐。这些和谐是指心理上、认识上、情感上、行动上的和谐统一，和谐理论是学校教育、语言交际、语言学习理论的基础理论之一。

2. 日语教学法与人类学

语言是人类社会生活不可缺少的一个部分。现代语言学主要来源于两大传统：语文学传统和人类学传统。语文学传统从比较语言学和历史语言学开始，根据文学作品和书面文献的研究对语言进行分析和比较，强调语言的自然属性，把语言看成是一个封闭的、独立的系统，把语言学看成是一门横跨人文科学和自然科学的独立的边缘科学；人类学传统指运用人类学方法去研究没有书写系统和文字传统的社会集团的语言，即把语言学看作是一门社会科学，把语言置于社会文化的大环境中研究。人类语言学的研究传统诱发了文化语言学的出现和兴起，通过从文化的角度来考察语言的交际过程，语言学家们发现人们在语言交际过程中不仅涉及语言系统，而且涉及同语言系统紧密关联并赖以生存的文化系统。

从人类文化学角度研究日语教育问题，就要求在教学中要注意文化交叉问题。在语言中教文化，在文化中教语言，两者要相互促进。文化是日语学习的目的，又是日语学习的手段。中日文化有差异也有相同之处，日语学习的一个重要任务就是在语言学习过程中达成跨文化理解。从文化的角度学习日语，语言情景和功能的问题就会迎刃而解，交际的目的也容易实现。

二、日语教学方法的主要内容

日语教学作为成规模的外语教学始于 19 世纪末，于 20 世纪 70 年代开始在全世界获得长足发展。相对于英语等欧洲语言而言，日语作为外语的教学时间要晚得多。也正因为如此，日语的教学方法可以说基本上是在借鉴英语等其他语种的教学方法的基础上，结合日语本身的特点形成的。

（一）语法翻译法

"语法翻译教学法是外语教学实践中历史最悠久的教学法"[①]，在日语教学中，语法翻译法是以翻译为基本手段，运用母语对日语的语法规则、语言结构等进行翻译、讲授的教学方法。外语教学方法源于拉丁语教学法，盛行于15—17世纪的欧洲，当时称"语法模仿法"，是语法翻译法的雏形。19世纪历史比较语言学的建立标志着语言学成为一门独立的学科，依托着历史比较语言学的理论基础和研究方法，德国语言学家奥朗多弗等学者总结了过去运用语法翻译法的实践经验，并从理论上论述了语法翻译法的合理性，使语法翻译法成为一种科学的日语教学法体系。语法翻译法的主要代表人物除了德国的奥朗多弗，还有法国的雅科托和英国的哈米尔顿等。语法翻译法既是最早形成的外语教学法，也是使用时间最长、最为广泛的外语教学方法。

语法翻译法提倡运用母语教授日语，在教学中以翻译为基本手段，以语法学习为基本途径，强调语法教学的核心地位。语法翻译法的教学目标主要是培养学生的日语读写能力，通常采取教师讲授、学生接受的教学方式，师生间和学生间极少互动。语法翻译法对我国的日语教学有着深远影响。从清末民初直至20世纪70年代，语法翻译法在我国的日语教学活动中一直占据统治地位，至今仍有不少日语教师在沿用语法翻译法来开展教学活动。

1. 语法翻译法的主要特点

在日语教学中，语法翻译法具有如下主要特点：

（1）教学活动以教师为中心，教师讲授语言知识，学生机械性地记忆和背诵。

（2）教师主要使用师生共通的语言，很少使用日语进行教学。

（3）学习材料倾向于选择难度较大的文章。

（4）注重日语语法现象的分析，较少关注学习材料的内容和思想。

（5）语言训练以句子翻译为主，不注重学生的交际应用。

（6）重视语法形式的讲解和训练，尤其注重日语中的助词的教学。

（7）词语教学只给出相应的译词，较少关注词语的使用场合。

（8）语音教学着力不多，较少关注学生的语音语调。

2. 语法翻译法的优点与不足

语法翻译法既有其优点，也存在明显的不足。其优点主要表现为：①能够帮助学生清

[①]　黄虎清. 语法翻译教学法在高级日语精读教学中的应用与反思 [J]. 江西师范大学学报（哲学社会科学版），2012，45（1）：141.

晰地理解日语的语法概念，比较系统地掌握日语的语法知识，便于学生举一反三；②有利于学生快速、准确地读取语言材料，能有效提高学生的阅读、写作和翻译的能力；③对日语教师的教学专业技能要求不高，学生的学习成绩也容易通过词汇、语法和翻译等客观试题加以测评。

同时，语法翻译法的不足主要表现为：①单纯强调教师讲授，阻碍了学生的学习主动性，容易导致学生对日语失去学习兴趣；②忽视学生听、说能力的培养，导致学生日语交际能力严重不足，无法满足当代社会对学生日语能力的需求。

（二）直接法

直接法是指尽量避免使用母语和翻译手段，通过各种直观手段直接运用日语开展教学活动的教学方法。19 世纪末 20 世纪初，国际形势发生巨大变化，国际交往日益频繁广泛，各国对外语人才的需求迅速增长。然而，长期以来采用语法翻译法培养的学生已不能适应时代的需求。于是，以英国语言学家斯威特、德国语言学家菲埃托等人为代表的改革派针对语法翻译法在培养学生口语交际能力方面的缺陷，强调口语和语音训练的重要性，系统论述了直接法的原则，推动了外语教学法的发展。由于直接法强调口语交际训练，在听、说的教学活动中自然领悟语言规则，因此也称"口语法""自然法"。直接法重视口语和语音教学，主张词汇和句子应结合上下文来学习，语法教学主要采用归纳法。

直接法的代表人物主要有德国外语教学法专家贝立兹、法国外语教育家古安、英国语言学家帕尔默、丹麦语言学家叶斯珀森等。贝立兹在推广直接法方面作出了巨大贡献。1878 年，贝立兹在美国创立贝立兹语言学校。1921—1944 年，贝立兹的语言学校从美国发展到欧洲、拉丁美洲和非洲等地。帕尔默结合自己的实践经验，对直接法做了大量的理论研究。1922—1936 年，帕尔默应日本邀请，前往日本从事英语教研工作。由于帕尔默所作出的努力，日本的英语教学研究工作异军突起，取得了很大成就，引起世界各国外语教学界的重视。

1939 年前，语法翻译法在教学实践中存在明显的不足，促使当时的日语教师开始探索新的教学方法。1898 年，桥本武、向山口喜一郎等日语教师推荐直接法的代表人物古安所著的《语言教学艺术》一书。山口喜一郎于 1899 年开始尝试在具体教学中运用直接法并初见成效，这成为山口式直接法的研究起点。直至 1945 年山口喜一郎返回日本，其先后在多地长期从事日语教学。在此期间，山口主要推行直接法。山口喜一郎结合教学实践编纂过多套日语教科书，还撰写了《日本语教授法概说》《日本语教授法原论》等多部日语教学法专著。

1. 直接法的主要特点

（1）排斥母语和翻译，直接以日语组织教学活动，广泛使用实物、图画、动作、手势、表情和游戏等直观手段解释词义和句义。

（2）倡导听、说先行，读、写随后的教学原则。

（3）主要教授口语，注重语音教学，初始阶段一般不涉及日语汉字的教学。

（4）语言材料为现代日语，教学以句子为基本单位，注重整句学习，不孤立地教授单词和语音规则。

（5）直接感知、模仿、类推为主要教学手段，初学阶段避免讲授语法规则，学习到一定阶段后再对语法进行归纳。

2. 直接法的优点与不足

运用直接法开展教学活动，其优点主要表现在：①在初学阶段用直观手段开展自然的口语教学，不仅能使学生容易理解，而且能活跃课堂氛围，激发学生的学习兴趣；②强调直接学习和实际应用，有利于培养学生的日语交际能力；③注重听、说能力的培养，能培养学生的日语思维和运用日语的习惯；④不断地重复和模仿，使学生掌握正确的语音、语调，有利于培养学生的日语语感；⑤以句子为教学的基本单位，有利于学生完整、准确地把握句子的含义，便于组织学生进行有意义的操练。

同时，直接法也存在明显的不足，其主要表现为：①完全排除母语的中介作用，不仅效率低，而且对抽象概念难以讲解清楚，容易导致学生一知半解；②将儿童的母语习得与学生学习第二语言混为一谈，忽视学生的独立思维能力，妨碍学生的学习主动性；③片面强调口语教学，不重视培养学生的读、写能力，致使学生的语言表达浮于表面，难以进行深入的交流；④单纯依靠机械性模仿、操练和记忆，学生难以准确把握词语之间的搭配关系和句子的结构特征；⑤忽视语法规则的学习，学生不仅无法运用语法规则来规范自己的语言表达，而且也难以做到灵活运用、举一反三。

（三）听说法

听说法是指以日语的句子结构为纲，以操练句子结构为中心，着重培养学生日语听、说能力的教学方法。听说法起源 20 世纪 40 年代的美国。

1. 听说法的主要特点

听说法的理论依据是结构主义语言学和行为主义心理学，其主要特点如下：

（1）听、说为主，读、写为辅。听说法主张语言首先是有声的，文字只是记录语言声音的符号。因此，声音是第一性的，文字是第二性的；听、说是一切言语活动的基础，读、写是在听、说的基础上派生出来的技能；学习日语首先要掌握听、说，在初级阶段尤其应以培养口语能力为主，读、写技能为辅。听说法要求日语材料首先要经过耳听、口说，然后再进行读、写，要严格按照"听—说—读—写"的顺序教学。

（2）反复操练和实践，形成自动化的日语表达习惯。依据行为主义心理学理论，听说法强调语言学习必须进行大量的"刺激—反应—强化"的反复操练，通过模仿、记忆、重复、交谈等实践练习，最终形成自动化的日语表达习惯。

（3）以句子结构为中心。句子结构是从大量句子中总结出来的句子架构模式，既是表情达意的基本单位，也是听说法的教学中心内容。在教学活动中，无论是日语知识的讲授，还是日语技能的操练，都主要以句子结构为中心，通过反复替换操练，使学生自主地运用每一个句子结构，最终达到学生综合运用日语的教学目标。

（4）排斥或限制使用母语和翻译。与直接法类似，听说法同样排斥翻译和使用母语，提倡尽量运用直观手段、借助情境或采用日语直接释义等方式开展教学活动。只有在采用直观、直接的手段无法解决问题的情况下，才允许把母语翻译作为释义和讲解的手段。

（5）对比语言结构，确定教学难点。听说法主张把日语和母语进行对比，找出二者在结构上的异同，以确定教学难点，并把教学的主要力量放在攻克难点上。不仅如此，在教学中还需要对日语内部的语言结构进行对比分析。提倡句子结构的教学顺序应采用由易到难进行训练的方法，以利于对复杂句子结构的掌握。

（6）及时纠正错误，培养正确的日语表达习惯。听说法强调从一开始就让学生正确理解、准确模仿、表达无误，发现错误及时纠正，避免学生形成错误的日语表达习惯。

（7）广泛利用现代化教学手段。现代化教学手段指的是影、视、听等各种多媒体技术。日语教学中使用各种新技术能够营造更加浓厚的日语教学环境，激发学生的学习兴趣。

2. 听说法的优点与不足

（1）听说法的优点。听说法是一种影响比较深远的日语教学方法。听说法改变了日语教学的发展反向，使日语教学更加科学、有效。当然，听说法的产生是建立在深厚的理论基础之上的，而且具有很强的实践指导意义。当然，任何事物都有优点和不足，听说法同样如此，具体优点包括：①在注重培养学生听、说能力的同时，注重培养学生的语言实践能力；②通过听、说训练来培养学生的语感，减少了学生学习语法的负担，同时非常注重在训练中使用不同结构的句子；③通过听、说训练来发现学生学习的难点，进而改进教学方案，然后有针对性开展教学活动。

（2）听说法的不足。听说法的不足主要包括：①把语言看作一系列"刺激—反应—强化"的过程，在语言运用的创造性方面认识不足；②过分强调机械性的句子结构操练，脱离语言内容和社会场景，对语言的内容和意义重视不够，不利于培养学生灵活运用日语和得体交际的能力；③大量的机械性句子结构操练容易使学生感到枯燥乏味，容易造成课堂氛围沉闷、单调。

（四）视听法

视听法是指利用视听手段，让学生整体感知和认识日语的语音、语调、形态和意义等，从而培养学生听说能力的教学方法。视听法最早叫作"整体结构法"，20世纪50年代产生于法国圣克卢高等师范学院，因此也称"圣克卢法"。由于该教学法强调语言教学情景中的作用，故又称"情景教学法"。视听法和听说法是20世纪五六十年代影响较大的两种日语教学法。视听法的代表人物主要有法国学者古根汉和南斯拉夫学者古布里纳等。视听法主张充分利用视听手段，强调综合运用耳、眼、脑等感官整体去感知和认识语言材料的音、形、义和词、句等，重点培养学生的听说能力。

1. 视听法的主要特点

视听法是在直接法和听说法的基础上发展而来的教学法，其主要特点表现如下：

（1）广泛利用视听手段。视听法强调语言与情景相结合，充分利用幻灯、收音机、电视机、录像机、模型等各种视听设备，让学生反复模仿，形成自动化日语表达习惯，主要培养学生的日语听说能力。教学时，学生一边看图像一边听声音，避免使用母语。这样可以使情景的意义与日语之间建立起直接的联系。

（2）强调整体结构教学。视听法强调语言内容的连贯性，通过情景和声音整体地理解日语材料的意义。视听法是一种自上而下（top-down）的教学方法。其教学步骤是先看或听一段意义完整的日语材料，掌握其语音、语调和节奏等整体结构，然后进行个别元素的训练；教学顺序是"话语—句子—单词—单音"；教学过程为"感知—理解—练习—运用"。

（3）重视口语交际，提倡听、说先行。视听法的语言材料主要是两三个人之间的日常生活情景对话。学生通过语音、图像等，在自然的情景中感知、理解日语，然后进行模仿和练习。口语是视听教学的主要内容，目的是使学生掌握正确的语音、语调，培养口语语感，强化听说能力。

（4）视听并用，语言与情景密切配合。视听法认为，边看图像边听声音，可以使情景与日语之间建立起直接联系，这样既不需要使用母语进行翻译和解释，也能避免使用生硬的书面语。而且，图像不仅能够呈现出情景，还呈现出说话人的姿态、表情等，使学生对日语的感知和理解比单独听或通过书面学习更加全面、准确，也更能够激发学生学习日语的兴趣。

2. 视听法的优点与不足

（1）视听法的优点。视听法的优点主要表现为：①视觉与听觉相结合，广泛利用视听手段，使学生见其形、闻其声、知其情，充分调动眼、耳、脑等多种感官，加深学生的感知和理解，促进学生在日语与现实之间建立直接联系，培养学生直接运用日语思维的能力。②强调在日常生活情景中直接感知日语的整体，并在交际中学习日语的语音、词汇和语法。贴近生活实际的教学情景使学生能够将日语直接运用于日常生活。③强调口语先行，读、写跟上的原则，重视培养日语的语感。④学生所接触到的日语材料都是地道的日语，有助于掌握准确的语音、语调。

（2）视听法的不足。视听法的不足主要表现为：①对于日语整体结构的感知和训练重视有余，而忽视语法规则等日语知识的分析与讲解，不利于学生理解和灵活运用；②过于强调直观情景，排斥母语的中介作用，不利于准确把握日语与情景的关系；③过于重视日语结构形式，强调以情景为线索来选择和安排日语材料，而有限的情景无法满足学生运用日语开展交际活动的实际需要。

（五）任务法

任务型教学法是以意义表达为中心，以学生运用日语完成交际性任务作为教学目标开展教学活动的教学方法。任务型教学法兴起于 20 世纪 80 年代，是对交际法的进一步发展，在全球具有广泛的影响力，也是我国实施新的日语课程改革以来明确提倡的教学方法。

1. 任务法中的"任务"

（1）任务法中"任务"的构成要素。任务型教学法中的"任务"至少包含六个基本构成要素。

第一，目标。教学活动设定的任务首先应该具有比较明确的目标。即学生通过完成任务所能获得的预期的结果，这种目标包括两个方面：一是任务本身需要完成的事情，属于非语言教学目标；二是通过完成任务获得的预期的语言知识和语言技能，属于语言教学目标。

第二，内容。任务的内容就是要求学生"做什么"。任何一个任务都需明确提出学生需要完成的具体事项,其具体表现就是需要学生履行的行为和活动。

第三,程序。任务型教学中的程序指的是学生在学习过程中为了完成某项任务而使用的方法以及经过的步骤。

第四,输入材料。任务教学中的输入材料指的是学生在任务执行过程中选用的参考资料。

第五,教师和学生的角色。任务型教学法在设计任务时不一定要考虑教师和学生的角色,但是任务中的不同角色都会有自己的特点。在任务执行过程中,教师可以直接参与任务执行,也可以对学生进行指导、监督。另外,如果想要使任务中的不同角色有清晰的定位,那么在任务设计时可以明确师生双方的角色,这样可以加快任务完成的速度。

第六,情境。任务教学法中的情境指的是任务设计的语言环境和学生的学习、生活环境等。任务是为教师的教学和学生的学习而服务的,因此教师在设计任务时应当充分考虑学生的年龄、身心等特点,使任务能够与具体实际相结合,这样更能贴近学生的生活。

通过以上六个要素可见,任务教学法中的任务比较贴近学生的日常生活,通过提高学生的语言使用率进一步增强学生对语言的理解和认识。通过任务,学生可以提高自主学习意识,锻炼思维能力和解决问题的能力。任务为学生创造了不同的语言使用场景,能够使语言的使用更加生活化,同时又具有一定的目的性,有助于学生语言能力的提高。

(2)任务法中"任务"和语言练习的区别。任务型教学法的"任务"与传统的语言练习存在本质的区别,主要体现在以下方面:

第一,任务具有双重目标。任务不仅包含语言教学目标,还包含非语言教学目标。也就是说,任务既包含培养学生日语知识与日语技能的语言教学目标,也有培养学生运用日语完成具体事情的非语言教学目标。而传统的语言练习只包含语言教学目标。

第二,任务的结果具有非语言性。由于任务包含非语言教学目标,在完成任务后,其结果也具有非语言性。在任务型教学活动中,所设任务通常为运用日语完成某一具体事情,当任务完成后,所得到的结果都是非语言性的。而传统的语言练习,如根据假名写汉字、词语填空、造句、作文、分角色朗读等,其结果都是语言性的。

第三,任务具有开放性。任务的完成既没有确定的模式或途径,也不会得到统一、标准的结果。如何完成任务,包括日语表达、辅助工具等都是可选择、不固定、非限制性的,由承担任务的学生自主确定。

第四,任务具有交际性。任务通常设定为分组完成,因此,小组内部成员之间或小组与小组之间的合作或互动就成了不可或缺的环节。这种合作或互动的过程具有交际性。

(3)任务法中"任务"设计的遵循原则。

第一，真实性原则。指的是任务应当以学生的日常生活为素材，能够让学生在生活中找到完成任务所需的材料。当然，这种真实也不一定是对学生的生活进行原原本本的复制，而且让学生能够很自然地执行，而不是刻意为之。真实性原则主要是让学生能够将课堂上学到的知识随时随地的应用到自己的学习、生活中，增强学生主动运用语言的意识。

第二，统一性原则。指的是任务的执行与语言的学习应当是一致的。教师在设计任务时应当结合当下学生所学的知识，与教学内容保持同步。传统的语言学习中，由于语言环境的限制，学生在课堂外很少有使用日语的机会，不能在具体情境中体会语言所表达的思想、含义。统一性原则以真实性原则为基础，使学生在任务执行过程中能够将语言的形式、含义和情境融为一体，有助于学生准确把握语言的使用条件。

第三，连贯性原则。主要体现在不同任务之间知识、情境、材料等方面的关联以及同一任务中不同步骤之间的连贯。任务型教学中的任务设计不是盲目的，而应当是有序的和有计划的。教通过设计一系列的任务让学生将所学知识串联起来，进而让学生对知识有整体、全面的了解。同时，连贯性也能够体现教师的教学目标。

第四，可操作性原则。指的是任务应当具备完成的现实环境和条件。如果任务不具备可操作性，那么任务就没有意义，也无法提升学生的语言运用能力。

第五，实用性原则。是在实用性和操作性基础上的设计原则，指的是任务设计不应当为了设计而设计，而是为了解决问题而设计。运用语言解决实际问题也是学生学习语言的重要目的，因此，教师在设计任务时应当考虑任务能否提高学生解决问题的能力，是否与自己的教学目标吻合。

第六，趣味性原则。指的是任务应当能够调动学生的积极性，使学生从内心愿意执行任务。具有趣味性的任务不但能够使学生积极主动地参与教学，而且能够让学生积极主动地学习，同时还能够增进学生间的交流互动、培养学生之间的感情、增强学生的团队合作能力。

2. 任务法的主要特点

任务型教学法作为由交际法发展而来的教学方法，本质上与交际法存在共通之处，其特点主要表现在以下方面：

（1）以任务为依托，重视语言表达的意义和内容。任务型教学法不仅要求学生掌握日语的语言形式，还要求学生通过完成交际性任务，理解并掌握运用日语时所获得的语言的、认知的、情感的，以及社会文化方面的意义。任务型教学法通过设计不同的任务来让学生扮演不同的角色，能够让学生置身情境之中感受语言的变化、体会语言的思想内涵。

（2）通过互动、合作的方式培养日语交际能力。在设计任务时，要求以学生的兴趣为出发点，设计贴近学生生活实际的交际性任务。通过学生与他人的交流、互动和协作，培养学生运用日语解决实际问题的能力。

（3）既重视日语知识和技能的学习与运用，也重视完成任务的过程和结果。学生在完成目标任务的过程中，不仅需要运用已学的日语知识和技能，还需要学习和掌握新的日语知识和技能，从而巩固和提高学生的日语能力。同时，学生通过完成目标任务，锻炼和提升了分析问题、解决问题的能力。因此，在评价学生目标任务完成情况时，既要关注学生完成目标任务的过程（是否合理运用已学的日语知识和技能，是否学到并尝试运用新的日语知识和技能，是否正确分析问题并最终解决问题等），也要关注目标任务的完成结果，并以任务是否成功作为评估任务完成结果的标志。

（4）师生具有各自的任务角色。任务型教学法主张以学生为中心。学生作为任务活动的执行者，在完成任务的过程中居于主体地位，具有学习的自主性，通过小组合作等方式共同完成交际性任务。教师作为任务活动的组织者、帮助者、指导者，有时也作为参与者，在完成任务的过程中居于辅助地位，帮助和监督学生顺利完成任务。

（5）充分利用学生已有的经验。任务型教学法倡导学生运用自己的日语知识和技能解决自己的实际问题。因此，要求学生自主、自发地投入到完成交际性任务当中去，在完成任务的过程中体验日语、感受日语，最终达到培养日语交际能力的教学目标。

3. 任务法的优点与不足

（1）任务型教学法的优点。任务型教学法的优点主要表现在：①完成形式多样、贴近生活实际的任务活动，有利于激发学生的学习兴趣；②通过不同的任务，学生能够将理论与实践相结合，有助于培养学生的语言综合运用能力，培养学生在日常生活中学习日语的意识；③以学生为中心的任务设计，能充分发挥学生的主体性作用，促使学生积极参与日语交际活动，激发学生的想象力和创造性思维；④由于任务的活动形式多种多样，可以根据学生的性格特点编排相应的任务角色，使每个学生都能够参与其中，有利于尊重学生个体差异的同时面向全体学生组织教学；⑤学生通过在任务中扮演不同的角色能够增强分析、解决问题的能力，而且任务也有利于学生之间的交流。

（2）任务法的不足。任务型教学法与交际法存在类似的局限性，主要表现在两个方面：①为了遵循真实性原则，在同一功能项目的任务活动中，容易出现难易程度相差较大的日语表达形式，可能会给学生带来学习困难；②关注交际任务的过程体验和结果，忽视交际过程中的语言错误，容易影响日语表达的准确性。如果长期不予以纠正，会导致学生形成错误的日语表达习惯。

第四节 日语教学体系与语料库解读

一、日语教学体系

日语教学体系是指教授日语语言知识和技能的一套系统化的教学方法和结构。它包含了教学目标、教学内容、教学方法、评估方式等要素，以帮助学习者系统地掌握日语语言。以下是一般情况下日语教学体系的解读：

(一) 教学目标

教学目标在日语教学体系中被视为首要重点，其核心是确保学习者能够全面掌握日语语言水平和技能。这些目标涵盖多个方面，包括听、说、读、写以及对日本文化和社会背景的理解能力。

第一，在听力方面，学习者的目标是培养对日语口音、语速和语调的敏感度，能够准确听懂各种日常生活场景中的对话和信息，以及媒体素材等更复杂的语言内容。

第二，在口语方面，学习者应当努力实现自如的口头表达能力，能够流利交流并运用日常用语，掌握各种社交场合下的礼貌用语，以及表达个人观点和想法。

第三，在阅读方面，阅读能力的目标是使学习者能够理解日语文本。包括文章、新闻、故事等不同类型的文字内容。学习者将培养分析和解释文本的能力，并通过阅读拓展对日本文化的认识。

第四，写作方面，学习者应能够用正确的语法和词汇表达自己的想法。包括日常用途的电子邮件、便条、日记等，以及更为正式的文章和报告。

此外，日本文化和社会背景的理解也是教学目标的重要组成部分。学习者需要了解日本的传统文化和现代文化，包括礼仪、节日、艺术、历史等方面，以增进对日本社会的综合认知。总而言之，在实现这些教学目标的过程中，日语教学体系将采用多样化的教学方法和资源，以满足不同学习者的需求和学习风格，确保他们在全面发展自己的同时，真正掌握和应用日语语言及文化。

(二) 教学内容

教学内容在日语教学中具有重要意义，它涵盖了教师在教学过程中传授给学生的各种知识和信息，这些内容主要包括以下方面：

第一，基本的语法规则：教学内容将囊括日语语法的基本规则。包括句型结构、时态、语气、句末助词等。学习者将逐步掌握语法知识，从简单的句子构造逐渐过渡到更复杂的表达方式。

第二，词汇：教学内容将涵盖日常生活中常用的词汇。如问候语、数字、颜色、时间、食物等。学习者将学习各种实用词汇，以增强日常交流的能力。

第三，日语假名：平假名和片假名是日本的两种假名字符，教学内容将包括这些假名的学习和运用。学习者将逐步学会阅读和书写日本文字。

第四，文化背景知识：日本的文化对于学习日语是至关重要的。教学内容将包含有关日本传统文化和现代文化的信息，如节日、习俗、文学、艺术等，帮助学习者更好地理解和运用日语语言。

第五，文本和对话：教学内容将引入各种日语文本和对话，包括简单的对话、文章、漫画、新闻等，以培养学习者的听说读写能力。

教学内容的划分和安排将根据学习者的语言水平和学习进度进行调整。从简单到复杂、由浅入深的教学策略将有助于学习者逐步掌握日语语言知识，并逐渐提高语言运用的能力。通过丰富多样的教学内容，学习者将在不断拓展的语言世界中不断进步。

（三）教学方法

教学方法在日语教学中具有关键性的作用，它涵盖了教师在课堂上所采用的各种教学手段和策略。以下是日语教学中常用的教学方法：

第一，听说训练：这是日语教学的基础，通过大量的听力练习和口语对话，帮助学习者熟悉日语的发音、语调和口语表达。这种方法强调学习者的积极参与，通过与教师和同学的对话，提高学生的口语交流能力。

第二，角色扮演：角色扮演是一种生动活泼的教学方法，学习者可以在模拟的情景中扮演不同的角色，从而练习和应用日语对话和表达。这有助于学习者更好地理解语言在实际交际中的运用，并增强沟通能力。

第三，阅读理解：通过阅读各种日本文本，如短文、文章、故事等，学习者可以提高日语的阅读理解能力，学习日本文化和语言特点。教师可以引导学生分析文本，理解上下文，掌握关键信息。

第四，写作练习：写作练习有助于学习者巩固所学的语法和词汇，提高书面表达能力。通过写作练习，学习者可以自主地表达想法，培养批判性思维和创造力。

第五，多媒体教具：在现代日语教学中，多媒体教具如电子课件、在线学习平台等得到广泛应用。这些教具可以丰富教学内容，提供多样化的学习材料和互动体验，增强学习者的学习兴趣和动力。

（四）评估方式

评估方式在日语教学体系中扮演着至关重要的角色，它是对学生学习成果进行检查和评价的过程。为了全面了解学生的学习进展，并为进一步的教学调整提供依据，日语教学通常会设立多种评估方式。

第一，考试：考试是最常见的评估方式之一。教师可以组织定期或期末考试，测试学生对于语法、词汇、听力、阅读等方面的掌握程度。通过考试成绩，教师可以了解学生的学习情况，并对学习进度进行评估。

第二，口语表现评估：口语表现评估是对学生口头表达能力的评价。教师可以通过课堂上的口语练习、角色扮演或小组讨论等活动，来评估学生的口语交流能力和语音准确性。

第三，作业成绩：学生的作业完成情况和质量也是一种评估方式。教师可以通过检查和评价学生的作业，了解他们对学习内容的掌握情况和学习态度。

第四，课堂参与度：教师还会评估学生在课堂上的参与度和积极性。积极参与课堂活动、回答问题、与同学互动等，都可以反映学生的学习热情和主动性。

第五，项目作品评估：在一些教学项目中，学生可能需要完成一些创意作品或小组项目，教师会对这些作品进行评估，考察学生的创造力和团队合作能力。

（五）教学资源

教学资源在日语教学体系中是不可或缺的一部分，它涵盖了教师在教学过程中准备和使用的各种工具和材料，这些资源的有效运用可以帮助学生更好地理解和掌握日语知识，提升学习效果和学习动力。

第一，教科书：教科书是日语教学的基础教材，它们通常由专业的日语教育专家编写，根据学习者的水平和年龄段划分，内容丰富且系统化。教师可以根据教科书的教学大纲和内容，有针对性地进行教学计划和课堂设计。

第二，教学材料：除了教科书，教师还会收集和准备各种教学材料，如练习册、课外阅读、综合材料等。这些材料可以用来辅助教学，加强学生对不同语言要点和知识的练习和巩固。

第三，多媒体教具：现代技术的发展为日语教学提供了丰富的多媒体教具，如电子课件、在线学习平台、语音和视频教材等，这些教具可以通过视听交互方式，增加学习的趣味性和互动性，提高学生的学习兴趣和学习效率。

第四，在线资源：网络资源为日语教学提供了无限的拓展空间，教师可以利用在线词典、语法库、语音库等资源，为学生提供更全面的语言知识和应用。

第五，文化体验：除了语言知识，日本文化对于日语学习同样至关重要。教师可以通过引入日本文化体验，如传统节日庆祝、茶道体验、浏览艺术展览等，让学生深入了解日本文化背景和社会习俗。

二、日语语料库解读

日语语料库是指收集和整理的大规模日语文本数据集合。这些文本可以来自各种不同的来源，如书籍、报纸、杂志、网页、社交媒体、对话记录等。语料库是语言学研究、自然语言处理（NLP）、机器学习等领域的重要资源，因为它提供了大量真实的语言使用样本，有助于深入了解日语的语法、词汇、句式、表达方式等特点。

日语语料库可以是小型的，也可以是非常庞大的，涵盖广泛的主题和语言风格。其中一些语料库可能由人工收集和标注，以确保数据的准确性和质量。同时，也有许多自然语言处理的研究者和组织分享了公开的大规模日语语料库，促进了日语研究和技术的发展。

（一）语料库与日本语言学

1. 语料库与日语词汇

日语词汇研究对于语料库的应用而言，有着最广泛使用范畴，最有效研究成效，最长期应用历史的一个领域。20 世纪 50 年代，日本语言研究的语料库开始诞生，这种研究最开始被运用于对词汇的研究，特别是对词汇开始的调查之中。日本已经进行过数次大规模的词汇调查活动，通过调查和改进，解决了不少存在于日语词汇系统中的较大问题。对于日语词汇的相关研究并未停滞不前，还需要借助语料库自带的统计等功能解决尚存的一些词汇使用中的细节问题。

词汇学的研究在语言学的研究中，最能体现出语料库的相关作用。计算机所具备的对于词汇的先进处理技术具有较高的实用价值，特别是对于日语以及汉语这些可以进行连续书写的语言而言，完全可以借助对分词的标注技术来开展对词汇的研究。在对词汇开展研究的过程中，语料库的相关技术已经成熟，一些瓶颈问题已经解决。目前所要做的就是借助最新的技术，在语料库的辅助之下，研究和解决日语词汇应用方面存在的实际问题。

研究日语词汇的学者通常会认真探究其词汇体系，尤其对于大量出现的专业术语进行深入研究。对于词汇研究者和词典编纂者而言，寻找和运用新词汇是一项激动人心且持久的课题。本文旨在通过介绍日语中的专业术语，分析语料库在日语词汇研究过程中的重要作用。当然，专业术语的自动抽取只是解决词汇研究中实际问题的一种方法，读者还需根据自身研究和教学实践来发现其他内容。

互联网上提供了丰富的语言资源，并且不断更新，成为抽取日语专业术语和快速发现新词的重要途径。然而，由于互联网上的语言资源数量庞大且不断变化，手工抽取和收集日语专业术语是不现实的。因此，可以尝试运用语料库语言学思想和日语分词技术，实现对日语专业术语的计算机自动抽取。

（1）日语专业术语的特性。日语专业术语是在语义和内容上受到专业严格限制的、特定专业领域所制造的特别的词汇。根据专业术语的语言学性质，可以从日语专业术语的语种构成、词形和词性等方面分析其形式特点。如果从语种的角度出发来进行分析，日语当中的专业术语主要有两个来源：一是来自外来语；二是来自汉语的相关词汇。这两类词在日语的专业术语当中所占的比例高达 87.45%，而日语中所固有的词汇所占比例仅为 5%，余下的则来自英文字母的缩略语。如果从词性的角度出发来进行分析，变动词和名词构成了日语当中主要的专业术语。日语中的专业术语的还有一个作用，就是减少类义词以及多义词的使用，上下文的内容不能对其词义产生影响，所以专业术语要有明确的语义，正因有着这样的要求，专业术语的词汇构成主要是复合词。在认定专业术语的过程中，日语中专业术语的这些特征可以成为可靠和清晰的依据。

与日语中的普通词汇不同，专业术语有着特殊的语言形态，有着不同的分布领域。一般而言，这些专业术语只有在一些特定的领域之中才会高频率地出现，而且其分布的区域也很狭窄，只有一些特定领域的资料及文章中才会出现，如果按照整个语言生活的范围来看，此类词汇的使用频率非常低。

（2）专业术语专业性的定量。文章的内容不同，所使用的词汇会显示出不同程度的专业性，如果这一词汇分布的范围较广，那么它的专业性就会越弱，反之则越强，也更有可能成为专业术语。

从理论上看来，专业术语的分布范围普遍较窄，所以按照专业性以及重要度来分析，分布范围与重要度应该是成正比的，换言之越专业的词汇分布度越低。词汇的分布度可以以包含相关词汇的文章类别数作为参数。但是也应当意识到，虽然有一部分词汇的分布范围较广，但涉及的类别数并不多，有些甚至只出现一次，所以这类词汇不能仅凭分布度来判别其专业性。因此，在衡量专业性重要度时还必须加入其他的因素。

　　另外，有些词汇虽然有着很大的分布范围，但是却只集中在同一个类别之中，只在一些类别中出现的频率较高，而在大多数的类别中则很少出现，这种情况也会影响到对重要度的判断。这类词汇仅会高频出现于一个类别中，而在其他类别中则很少出现。所以在对重要度进行分析时，可以借助词频的距离来反映出这种差别。词频距离指的是频率最大值与次大值之间的差距，这种差距越大，词汇在同一个类别集中出现的概率就越大。如果词频距离是最大与最小频率之差来构成，那么一个词汇是否在是同一个类别中集中出现不能用词频距离来说明。因为频率之差并不能直接说明最大和最小频率之间的差距。

　　还存在着另一种情况，那就是有些词汇高频出现于数个类别当中，但是在其余的类别出现的频率又很低，这代表着这个词汇在类别中的分布并不均匀，这类词汇也可能成为专业术语。词汇词频有一个均方差，这个均方差可以用来描述此类差别。词汇分布的越不均匀，均方差越大，这个词汇也就越有可能在数个类别中以一种高频的状态出现。

2. 语料库与日语语法

　　当互联网以及语料库相继出现之后，从事日语研究或教学的人员可以通过语料库来查询或确认自己所遇到的各种语法现象。他们在对日语的语法进行研究的过程中，可以随时随地从语料库中搜索自己需要的语法现象。最为常见的就是从语料库中搜索相关的例句，这是一种最基本的搜集资料的工作，在网络和计算机运用并不普及的情况下，这种工作需要由人工完成，研究的过程中数据严重缺乏。因为在一项研究开始之前，研究者先要花费大量的时间和精力去进行事实材料的收集整理，收集例句是枯燥、漫长而又艰苦的一项体力劳动。有了语料库的建成，此类收集工作变得非常轻松和快捷，过去需要花费大量时间和精神来收集的语言方面的数据，现在借助先进的技术和设备可以轻而易举地获得。但这一进步同样也会为研究者带来烦恼，那就是信息量巨大，造成了数据泛滥。面对庞大而繁杂的数据，研究者需要精确筛选对自己有用的数据，剔除一些无用的数据，这是语法研究中所要解决的问题。同时，语料库中存在着数量庞大的语言，其中的状况比研究者想象的还要复杂，在对语法开展研究的过程中，语料库不仅可以用来收集例句，而且还可以帮助研究者发现自己的不足，确立语言研究方面的新课题。

　　在语法方面，语料库是最复杂的，比它在词汇中的运用复杂得多，并且不遵循特定的规则范畴。所以如果在日语语法研究的过程中，能够充分利用语料库的作用，学习者的主观能动性也能够被充分调动起来，他们能够在语言研究和学习方面所有创新。

3. 语料库与日语文体

　　对文体的研究内容就是区分出文章以及作家之间的区别，还有他们各自的风格，句子研究的主要是语法，而词汇研究的则是词，对文体的研究与对语法和词汇的研究是不同的，他的对象往往是一段文字，这段文字能够反映风格特征，所以文本是具有规模的，如果想要对一个作家的风格进行研究，就要考察他所有的文章。如果要对新人报道以及小说这类文本进行研究，文本数据更大，所以在对文体进行研究时，语料库研学中的方法就十分方便。

对文体进行研究，主要是为了了解文章本身的风格特征，文章的特征可以从两个方面来看：一个是从语言表达上来看它的特征；另一个是从思想的内容来看，如果从思想和内容来考究的话，需要了解文章的思想以及题材，这里先讲语言的表达，只考察日语当中的拟声拟态词对文体差别的影响。

（1）小说、新闻报道与口语体中拟声拟态词的自动抽取，这种分词标注系统可以还原日语单词，将文本当中的日语单词还原成词典的形态，并且可以对单词的时态和活用性进行标注。拟声词和拟态词是分类在副词之下的，分词标注工具可以对副词的一些词性进行标注，但是对拟声词和拟态词却不能标注，所以想要考察拟声词和拟态词在不同文体当中的使用情况，以及分布比例和使用频率，就一定要找到可以抽取出拟声词和拟态词的工具，抽取过程可按照下面的步骤：

步骤一：可以运用分词标注工具，将词汇分类，并且还原所抽取的词汇，对词性进行标注，在日语当中，一般句子中的词语多用的是活用型，分词标注工具可以方便后续的词汇使用频率的统计，同时还要对每一个单词的词性信息进行保留，这样才能够更加准确的对词汇进行统计，区别出同形意义词。

步骤二：利用《汉日语料库通用分析工具》对上述经过分词标注处理的语料进行词频统计并生成三种文体各自的单词词频表，分别保存到三个文本文件中（如 wordlist2. txt、wordlist3. txt），这一步操作也可以使用电子表格中的"数据透视表与数据透视图"功能实现。但是需要注意的是 EXCEL2003 以前的版本每一张数据表只能容纳 65536 条数据，换言之早期的版本一次只能够对 65536 条数据进行词频统计。不过，后来的版本其数据处理能力有了大幅度提高。读者在使用电子表格进行数据词频统计时应该注意这个情况。

步骤三：从上述词频表中将副词部分抽取出来。此步工作可以用电子表格完成。用 EXCEL 将 wordlistI. txt 打开，或者使用外部数据导入将 wordlistI. txt 中数据导入到 EXCEL 中。然后，利用数据排序的功能，以词性栏为关键字，选择扩展到其他区域进行排序，这样词性为副词的单词就会聚集到一起，将词性为副词的那部分单词拷贝到另一张表并保存起来。为了便于下一步操作，这里用"另存为"将数据保存为文本文件（制表符分隔）形式。

步骤四：拟声拟态词总词表的准备。由于日语的分词标注工具只能标注词性，拟声拟态词为副词的下位分类。在步骤三中虽然获取了副词，但是并没有将拟声拟态词分离出来。因此，还必须将这三种文体中所使用的拟声拟态词分离出来。这种分离工作必须有一个拟声拟态词的总表作为判断依据。可以使用浅野鹤子编著的『拟音语·拟态语辞典』，将该词典中所有的拟声拟态词的条目输入到计算机。

步骤五：三种文体语料中出现的拟声拟态词的抽取。使用上述自主工具将步骤三抽取的三种文体中出现的副词表分别和拟声拟态词总表进行对照，将副词表和拟声拟态词总表中都出现的词作为三种文体中出现的拟声拟态词抽取出来。这样形成了三种文体中出现的拟声拟态词表。分别保存到三个不同的文件中。

经过上述五步，抽取出了小说、新闻报道、口语等三种文体语料中的拟声拟态词。其中，小说文体中出现的拟声拟态词共 562 种、新闻报道中出现的有 309 种、国会议事录中出现的有 251 种。上述方法抽取的拟声拟态词均附有词频信息。

（2）小说、新闻报道与口语中拟声拟态词的分布情况。文体特征表现出很多方面，其中一个侧面的表现就是拟声词和拟态词，在拟声词和拟态词分布的表格当中，可以清晰地看到三种不同问题的特征，拟声词和拟态词在这三种文体当中使用情况和使用的频率分布等等，以及对这些词汇的运用的目的，哪一些词汇在某一文体当中比较难出现，可以通过对拟声词和拟态词在不同的文体当中的分布情况来区分一些文体的风格，对其进行分类。

总体而言，不同的拟声词和拟态词在不同的文体当中使用的方法都是不一样的，不同的拟声词和拟态词在不同的问题当中使用的频率也有所差距，在这个文体当中使用频率高的词，在另一个文体当中也许频率会很低。对于一些分布相同的拟声词和拟态词，由于要对它们分布的位置进行排序，导致了表格当中拟声词和拟态词排序的位置会有所不同。

有很多问题在日语研究当中需要解决，比如对不同文体的文章进行区别，不同文体特征有什么样的语言形式，拟声词和拟态词是衡量语言特征的一个侧面的标准，将这些语言特征找出并运用到文体特征的研究当中，这是语料库语言学手段的优势。读者可以根据自己的研究需要不断摸索。

语料库语言学的语言依据就是比较大规模的语言实例，让语言学研究有可能进行正式的实践，并且有可能进行更加微观细密的研究，当今研究与自然科学越来越相近，这得益于经验性的研究方法。语言当中也蕴含了一些客观规律，揭示语言学规律，所以这种语料库语言学的方法在各个语言领域得到飞速发展。

（二）语料库与翻译理论

翻译属于跨语言交际的一种行为，它是一个桥梁，翻译从语言文化上来讲具有一定的不可译性，对于翻译的结果与原文之间会形成偏差，称之为误差。对翻译的文章进行系统评价时，会将可译性的误差排除掉，主要关注的是由于外部原因而形成的翻译误差，这两种误差可以加以区分。

对译文评价的形式有很多种，可以对全文进行整体的分析，也可以抽取文中的某一个部分进行分析。通常而言，进行全文分析的文本多是那种诗歌等整体文本容量较小的文本，由于语料库这一工具的出现，翻译平价、更加方便了，人们可以运用语料库来检索误差。语料库有两种，在平行语料库当中，一类是通过机器附码的，另一类是使用生语料的。但是，上述提到的两种语料库也有很多限制，所以，目前人们正在讨论如何进行人工标注。

1. 平行语料库及翻译

通过语料库研究翻译，需要建立可用于翻译研究的语料库，这种语料库一般称作平行语料库，由原文和译文构成。对齐后可以通过对原文或译文一方的检索同时获取另一方的语料。例如，由北京日本学研究中心研制的《中日对译语料库》就是这种平行语料库。

语料库的使用，在很大程度上受到检索方法的制约。从迄今为止的语料库翻译研究看，通过语料库研究翻译主要有两种途径：①基于生语料的研究；②基于赋码语料的研究。

基于生语料的翻译研究，就是通过关键词检索来分析对应说法在两种语言中的使用状况。基于赋码语料的翻译研究，主要是使用机器赋码语料来实施。这两类研究，分析的结果基本上是关键词及对应译文在各自语言中的分布状况，因此总体说来偏向语言对比研究。而翻译研究更关注某个词或某种句法结构在特定译文中的使用状况，这种研究不太适合使用上述两种语料库。

2. 翻译误差标注语料库构想

翻译误差标注语料库是一种用于收集和标注翻译误差的资源，旨在帮助改进机器翻译系统和提高翻译准确性。以下是一个可能的翻译误差标注语料库的构想：

（1）语料收集：首先，需要收集大规模的翻译文本数据，包括双语对照的原始文本和相应的机器翻译译文，这些文本可以来自多个领域，涵盖不同主题和语境，以反映真实的翻译场景。

（2）误差分类：根据翻译误差的类型和性质，将收集到的文本进行分类。常见的误差类型包括语法错误、词汇替换、语序颠倒、遗漏翻译等。将文本按照误差类型进行归类，以便后续的标注和检索。

（3）误差标注：针对每个误差类型，由专业翻译人员对文本进行标注，标注出具体的误译、漏译或其他翻译错误。标注可以采用特定的标记或符号，用以表示每个误差在文本中的位置和性质。

（4）翻译质量评估：在标注过程中，可以对每个误差进行翻译质量评估。即确定该误差对翻译质量的影响程度，这样的评估可以帮助进一步优化机器翻译系统，着重解决对翻译结果产生较大影响的误差。

（5）建立检索系统：通过对标注好的翻译误差语料库进行整理和存储，构建一个可供检索的系统，这样的系统可以帮助研究人员和开发者针对特定的翻译问题，快速找到相应的误差样本和改进方案。

（6）社区贡献：为了不断完善语料库，可以鼓励学术界和翻译从业人员积极参与，共享更多翻译误差样本和优化建议，促进翻译技术的进步和提高。

总而言之，翻译误差标注语料库的构想是为了提供一个全面、可靠的资源，帮助改进机器翻译系统和提高翻译质量，从而更好地满足不同领域和用户的翻译需求。

（三）语料库与偏误理论

偏误分为两种：一个是母语；另一个是非母语的偏误，对偏误进行判断的方法有三个：①母语使用者不认可的使用方法；②语法上的错误不明显，但是用起来不自然，不方便理解；③母语使用者不习惯的使用方法。前述三个区别的标准，从本质上来看有很大的不同。前两个标准判断是否偏误的标准，就是对于理解是否有障碍，换言之就是会妨碍人们对文本理解，并且表达不清晰的方法都是错误的。第三个判断标准的依据并不是理解，而是使用者母语的习惯。即使一句话没有语法错误，也容易被人误解，但是母语使用者不习惯用的语法都是偏误的。

个人因素会影响到母语使用者是否是习惯以及偏误是否生成，在对偏误的判断上很容易出现争议，第三个判断标准（③母语使用者不习惯的使用方法）不是针对语法的错误，而是针对使用的习惯句子通顺程度以及是否得体来看的。因此，第三个标准并不会决定偏误是否正式生成，一个人想要达到零偏误的使用，另一种语言是十分困难的，在国外长期生活的人除外。

从上述的情况来看，对于一些以非汉语为母语的语种，对偏误的判断方法有以下的规定：偏误彻底生成有两个条件，一个是母语使用者认为十分不习惯，一个是非常妨碍语言的理解，并且十分的不自然，不能正确表达说话人的想法。有些语言虽说不自然，不是十分得体，但是不妨碍语言的理解和交流，不被看作是偏误语言。

对偏误的研究步骤有三个：一是对偏误的语料进行收集；二是对偏误产生的语料进行分析，并且标注；三是对偏误所产生的标签和步骤进行分析，寻找规律，这三个步骤都是十分必要的，不可以缺少任何一步，偏误语料相当于饭食当中的米，如果缺少了偏误语料，就需要人工用自己的眼睛来寻找文章当中的偏误，效率十分低下，很难找到其中的规则。统计和解析这些语料的工具也是十分必要的。

一般而言，偏误语料的来源多是对学生作文的批改，但到目前为止，对学生作文的批改，依旧还是进行笔头的标注，有些人会运用 word 等文档对作文进行批注，但是它的使用过程和笔头批注是差不多的，刚批改后的作文交还给学生之后，文档的内容也不会被留下，除非批改者有意识地对批改的语料进行收集，因此这些语料就都会被浪费，十分可惜。然而，个人对偏误语料的收集效率低，内容十分有限，所以个人对偏误语料的收集，只能作为个案，不具有普遍性的意义。

对偏误语料进行处理，主要就是为了抽取偏误语料的内容，分析倾向和规律，从而阐释偏误产生的原因以及学习的难点，如果想要真正的分析出这些内容，就一定需要对偏误语料进行分析和搜集。统计是需要对象的，这里所提到的统计和分析的对象可以理解为标签，过去标签标注的方法有两个：一个是运用手工的方式进行标注，一个是用英文的代号进行标注。二者各有优缺点，手工标注过于费时费力，然而，英文符号的标注不容易辨别，而且不直观，所以需要创造一个具有二者优点的标注方式。

对标签的统计以及解析，仅仅通过眼睛和大脑是不能够辨别的，由于规模巨大，需要一个能够对大规模数据进行解析的系统，并且能够对此分析辨别。首先，需要偏误的语料以及语料的标签；其次，配合可以对语料进行分析的强大的系统，这样才能够算作一个优秀的研究平台。

收集到偏误语料后需要批改，并标注正误标签，这样才能让偏误语料真正成为可以分析和统计的语料；标注正误标签只是标出了偏误用法和正确用法，如果要对偏误的词汇和语法以及语用等偏误的类型进行分析和统计，就需要标注研究用标签，有了研究用标签才能真正抽取偏误的规律，找到阐明问题的线索；标注了正误标签和研究用标签的语料需要放在语料库里才能进行各类检索。但是，仅仅能够进行各类复杂性组合检索还不够，最关键的是需要对正误标签和研究用标签进行各类自动统计，这样才能获得偏误、中介语和二语习得研究所需的最客观的数据。

所以想要对日语的偏误研究更加科学，偏误语料库是十分必要的，而且这个语料库需要带有标签，建设语料库需要三个工具：一是对作文进行批改的软件；二是可以对标签进行标注的系统；三是可以对偏误语料库进行分析解析的系统，很显然，这三个工具所带来的效益是不能够通过眼睛和头脑去完成的，所以，三个工具也就是科学的手段是十分必要的。

标签通常分为三类：一是对信息来源进行标注的标签；二是对正确与否进行标注的标签；三是对研究使用的标签。第一个标签标注的是文章中某一文本的来源之处，如文章题材、性别、母语、学习时间和留学情况等，将信息来源的标签，标注在文件的名称上可以方便那些没有编程技巧的人员进行使用，这样在例句的后面就会显示出文件的名称。第二个"正误标签"指的是给偏误之处标注"偏误用法"和"正确用法"的标签，并以"<偏误用法→正确用法>"的形式反映在句中。使用相关软件标注正误标签时，无须手工输入标签，由软件自动标注。第三个"研究用标签"指的是词汇、语法和语用等方面的标签，并以"<研究用标签/偏误用法→正确用法>"的形式反映在句中。使用 TNR_ ErrorCorpusTagger2014 标注研究用标签时，不需要再输入标签时运用手工，标注时也不需要运用自动识别的功能，标签的一览表就可以用来寻找识别。

需要注意的是，偏误研究数据的来源，主要是对学生作文进行的批改，通过批改的结果分析和抽取出正误的标签和研究用的标签。如果收集出来的信息是有误的，那么评价出来的标签也是不正确的，研究的结果也可能出现失误，所以就需要做以下工作来避免这些失误的发生：

第一，对偏误语料的收集不能仅仅限于一个学生一个班级或者是一个学校，应该涵盖面广，搜集一些具有代表性的偏误语料，能够代表整个语言的语料以及能够反映整体学习情况的语料。

第二，统计数据的根本来源是对日语的文章进行批改的结果，如果这一结果是有错误的，会导致统计结果的失误，从而带来研究结果的失败。所以为了让研究的结果更加可靠，避免失误，最好选择日语母语使用者作为研究的主体人物，最好还拥有对外国人进行教学的经历，对一篇文章的分工，其中以一个人为主改，另一个来检查批改的结果。

第三，对研究用标签进行标注的人员需要具备扎实的基础知识，包含语言学和日语语法，并且对日语的概念要熟悉，来保证研究的结果具有准确性，减少失误的发生。

第四，对研究用标签进行标注时，标签的一致性需要得到保证，对标签的分类要准确简洁。使用标签的一览表可以有效保证研究用标签标注的一致性，当标签一览表为两个或两个以上时，绝不可以进行混合使用。

第五，在对研究用标签进行标注时，往往不会一次性成功，而需要对标签进行二次或三次的标注。二次和三次的标签可以提前设定，设定可以根据研究的内容和研究的深化。

第二章 日语教学创新思维与创新型观念

第一节 创新思维与创新教育体系

思维是人类最本质的特征，是人脑的机能，也是人脑对外界客观事物的反映。人们在实践基础上对事物的认识，首先是获得感性的认识。感性认识是对事物表面的、现象的认识，是对事物外部联系的认识。在丰富的感性认识基础上，经过去粗取精、去伪存真、由此及彼、由表及里的整理和加工，逐步认识事物的本质和规律，产生认识过程质的飞跃——理性认识。

思维具有概括性和间接性两个最显著的特点：

第一，思维的概括性是指思维能够反映事物的本质。概括性有两层意思：①思维能揭示同一类事物所特有的共性并把它们归结在一起，从而认识该类事物的共同本质及其与他类事物的关系。比如，人们凭借思维，可以把构成世界万事万物的基本元素概括为金属元素和非金属元素，并进一步揭示出金属元素与非金属元素之间的本质联系。②概括性的另一层意思，是思维能从部分事物相互联系的事实中，揭示出事物普遍的或必然的联系，并将其推广到同类的现象中去。例如，凭借思维，人们可以认识物质的质量与引力的关系，物质的质量、能量与时间的关系等。思维的这种功能，可以使人认识和掌握事物的客观规律，为人类认识和改造客观世界服务。

第二，思维的间接性是指思维对感官所不能直接把握的或不在眼前的事物，借助于某些媒介物，通过头脑加工来进行反映。由于外界事物的复杂性和感官的局限性，光凭感性认识对许多事物是很难认识或无法认识的。其原因在于：一是由于事物本质和规律的复杂性和内隐性。客观事物的本质和规律隐藏在事物的现象背后，既看不见也摸不着，只能透过大量的现象，间接地去思考、去研究，进而才能把握事物的本质和规律。二是由于实践的时间、空间的限制。三是由于人类感觉器官的局限。一般而言，人的视觉器官可见光谱只是波长为 400 毫纳米到 760 毫纳米之间的电磁波。而紫外线、X 射线、红外线等，由于它们都是低于或超过这一区间的光，所以，单凭感官是看不到的。同样，人的听觉器官的正常听域只是音频为 125 赫兹到 8000 赫兹之间，低于 16 赫兹或高于 20000 赫兹（称为超声波）的声波是无论如何也听不到的。对于不能直接感知到的事物，人们只有通过间接方式认识，通常是借助已有经验、知识和工具经过人脑的加工即思维来间接认识的。

思维可以分为逻辑思维和非逻辑思维。一般而言，逻辑思维讲究准确性、严密性和条理性，是人们使用最多、掌握较好的一种常规思维方法；而非逻辑思维则讲究灵活性、流畅性和独特性，是一种容易为大家所忽视的思维方法。

一、创新思维的含义与产生

（一）创新思维的含义

"创新思维是实现人的主体创造能力的思维方式，具有多种不同的表现形式"①。创新思维是人类思维的最亮丽花朵，是人类思维中最具批判性、革命性、创造性的思维，是思维的高级形式。千百年来，人们凭借着创新思维和创新能力，创造了辉煌灿烂的物质文明和精神文明。创新思维，在人类文学史、艺术史、科学史、技术史乃至整个社会发展史上，都闪烁着熠熠的光辉，也吸引了一代又一代的科学家、发明家、哲学家、教育家、心理学家以至医学家的关注和研究。现代脑科学的新突破，脑神经生理学、现代心理学、人工智能科学的迅速发展，特别是现代思维科学的崛起，为揭示创新思维的奥秘，奠定了坚实的科学基础。从现代思维科学来看，创新思维属于现代思维科学理论体系中的基础学科。

1. 广义的创新思维

广义的创新思维，是指对事物之间的本质联系进行前所未有的思考，从而创造出新事物的思维形态。这种广义的创新思维，既可涵盖科学技术的重大发现、发明和创造的思维活动，也包括处理日常具体问题的思维活动。这种广义的创新思维是相对社会成员中每一个思维主体而言的。

人们倾向于在广义层面上界定创新思维，其理由有三：一是狭义的创新思维是建立在广义的创新思维基础上的，是创新思维的高级形式。一个人只有具备正常的思维能力，才能谈得上新思维，进而培养和训练高级的创新思维。二是创新思维本质上并不是一种孤立的单向的思维运动过程，而是一种多层次协同进行的整体思维过程。并非只局限于高层次

---

① 寇军. 创新思维的主体和影响因素探析 [J]. 辽宁行政学院学报，2010，12（7）：157.

的思维活动，而是狭义和广义两个层面创新思维的综合运用，是逻辑思维和非逻辑思维的有机结合，两者不可偏废。三是创新思维并不是少数天才人物的"专利"，生活中的每个有正常思维能力的人都具创新思维的潜能。

把创新思维界定在广义层面上有利于拓宽研究领域，深化研究领域，挖掘人民群众的创新潜能，有利于提高整个民族的创新素质。创新，是知识经济时代的精髓。知识经济时代的竞争，是人才资源的竞争。一个国家是否拥有一大批具有创新思维和创新能力的高素质人才，是关系到该国成败安危的大问题。把创新思维界定在广义层面上，有利于激发广大人民群众的创新热情，有利于提高全民族的创新思维素质，使更多的人自觉地投身到创新的实践中去。

2. 狭义的创新思维

狭义的创新思维，是指在人类认识上首次产生的具有创新性、突破性，并产生前所未有的思维成果的高级思维活动。这种狭义的创新思维是相对人类而言的，其中的"创新性"包括两层含义：一是独创性。即独立于他人，没有现成的方法、规律可遵循。二是新颖性。即不论方法还是结果，没有雷同。这两层含义紧密相关。"突破性"，主要是指突破理论权威、现成的规律、方法和思维定势的束缚，形成独树一帜的理论发现、技术发明和创新。显然，这种创新思维品质只能为少数人所具有。

(二) 创新思维的产生

1. 创新思维产生的基础——实践经验

辩证唯物论和历史唯物论都认为认识是源于实践的，感性认识直接源于实践，理性认识间接源于实践。创新思维也不例外，它来源于社会实践。

（1）创新思维随着人类实践的发展而发展。人类最早的实践是劳动和生产实践，这是人类社会发展至今的最基本的社会实践。生产实践的发展推动人的认识的发展和创新。例如在古希腊，在社会大分工之后，农业生产职业化、细致化了，发展得很快，从而促进人们寻找如何丈量土地，如何掌握农时，以及如何育种等方法，创造出几何学、天文学和植物学等科学。随着生产实践的细致分工，人们的思考角度也向分析方向发展，对生产实践的研究逐步走向分门别类的道路，随之科学的发展也越来越专门化。相应地，思维科学也向分析方向发展。

人类社会到了近代，社会实践中除了基本的生产实践之外，科学实验越来越被人们所重视。随着科学实验的发展，近代自然科学迅速变化和发展。随着近代自然科学的产生和发展，有些科学家在认识论和方法论探讨中进一步发展了对逻辑思维规律的研究，同时也起到了对创新思维研究的作用。

随着近代经济和社会生产力的高度发展，要求科学进一步考察世界各部分之间的相互联系和相互作用，并构成一幅具体的世界总画面。社会实践的新发展又对思维方式的创新提出了新的要求。因此，对辩证法的深入研究就成了必然。从而推动了对辩证思维的深入具体的研究。

人类社会发展到现代，随着现代社会生产和科学的发展，要求思维方式和思维方法要有新的突破。随着唯物主义辩证法的提出，要建立这种科学的学说体系，因此，科学的思维工具——唯物主义辩证逻辑的创立就是必然的了。现代唯物主义辩证逻辑随着社会生产力的高速发展，随着科学文化的进步，随着辩证思维在自然科学、社会科学中的广泛应用，是必然要产生的。它是人类思维发展到成熟阶段的标志，也是对几千年来人类思维发展，特别是对辩证思维发展史的概括和总结。同时，演绎逻辑、归纳逻辑以及科学方法论的研究也取得了长足的进步。

（2）创新思维的产生条件：经验认识方法的进步。所谓经验认识，是指人们在社会实践中通过自己的各种感官（包括作为感官延伸的各种仪器）对客观事物的直接反映。这种认识是通过人们的观察、实验以及社会调查活动进行的。

科学观察包括自然观察和实验观察。自然观察是人们对自然界现象不作任何变革的情况下进行的，它是人们通过感官或同时借助于仪器去认识和描述各类自然状态下的现象。而实验观察是在人工变革或控制被观察对象的情况下进行的。

人们开始从事观察活动是以感官直接获得被观察对象的各种信息，这是直接观察。随着科学技术的发展，人们为了克服直接观察的局限性，在观察者和观察对象之间加进中介物，即观察仪器。这种直接观察使人们的感官得以延长，使人们的观察向自然界的广度和深度延伸。观察的工具使原来不能观察到的对象转化为可以观察到的对象，由于观察工具的不断改进，这就使人们无限地扩展观察的范围成为可能。从直接观察到间接观察，这是观察方法具有根本意义的变革。例如，从 20 世纪 50 年代以来，航空航天技术的发展，从发射火箭运载卫星到载人宇宙飞船发射成功，人们登上月球，以及发射探测仪器考察火星，遥感技术充分发展，现在人们通过星际飞行器可以到达其他天体进行观察，从地面观察发展到对宇宙空间的观察，这表明了人类认识自然界能力的进步，表明人类的认识能力是无限的。所有这些，就为认识的创新和思维的创新提供了基本条件。

实验观察是采取人工手段变革和控制自然现象，"纯化"被观察的对象，排除偶然因素的干扰，以便在最有利的条件下进行观察。

实验观察方法比自然观察方法有更多的优越性，它可以使被观察的对象处于纯粹的状态，可以强化自然状态下的某些条件，可以使被观察对象重复出现。正是因为科学实验有以上优点，它越来越被广泛地应用，在现代科学研究中占有越来越重要的地位。

科学实验经历着一个从简单到复杂，从初级到高级的发展过程。人们最初运用的是直接实验，然后又在此基础上运用间接实验，最后又提出了理想实验。

直接实验是实验手段直接作用于实验对象而获得认识客体信息的实验。间接实验就是依据相似原理，用模型来代替被研究的对象，人们通过观察模型实验而获得的信息去认识原型的观察方法。因此，间接实验也叫作模拟实验。例如，在研究人的病理时，就用动物作为人的替代品进行模拟实验。在制造超音速飞机时，就先造一个按比例缩小的飞机模型，进行风洞实验。在大江大河上造桥，就先制造一个桥的模型，进行承受力的实验等等。

理想实验是从某种科学原理出发，想象在理想状态下客体的必然表现的实验。由于是运用逻辑手段进行判断的结果，是对理想化客体的实验，所以称之为理想实验。理想实验是科学研究中一种普遍应用的方法，当然也有一些理想实验所要求的条件是永远无法满足的。

由于理想实验都是逻辑的推导，或称理想实验中的理论推断，所以它跟科学实验是不同的。它不是变革自然界的真实的实验，不是人们的实践活动，而是一种超前的或是一种新的思维活动。

总而言之，无论自然观察还是科学实验，以至社会调查，都为创新思维的产生提供了前提条件或准备了基础。经验认识方法的进步对创新思维的产生和发展发挥了三方面的作用：一是促进科学发现的作用。就是由于运用不断进步的观察和实验，并以取得的经验材料或信息为基础，引发人们运用创新思维去发现新理论，创造科技新成果。二是进行科学验证的作用。就是指人们运用创新思维提出科学假设，需要加以科学的检验，验证这些科学假说的真理性。要支持的这些假说，需要科学的证据，这时需要观察和科学实验，提供真实的经验事实，解释和支持这些新的理论，支持创新思维的成果是真实可靠的。三是创新思维渗透在经验认识方法的发展之中，潜移默化地促进经验认识方法从自然观察向科学实验的发展。

2. 创新思维的载体——科学理论

（1）创新思维在科学理论的改良中产生和发展。所谓科学理论的改良，是指原有科学理论被提出之后，它总要受特定历史时代的客观条件和人们主观认识能力的种种限制。然而人的认识能力又是无限发展的，任何科学理论都不是一成不变的。当人们把这种理论应用于实际时，就会发现原有理论有这样或那样的不足，以致有些错误需要克服。这样在某个理论的应用过程中，就需要对原有的理论不断地改进和完善，这种改进和完善的过程，就是科学理论的改良。在科学理论改良的过程中，创新思维伴随着产生并发挥着重要的作用。

第一，创新思维在扩大理论应用中产生。为了达到指导人们的实践和有效地改造世界的目的，理论的应用主要用于解释已知的事实和预见未知的事实。一个理论应用的范围越广，就越来越显示出它具有普遍性的意义。

第二，创新思维在提高理论应用的精确性上表现出来。在科学理论改进的过程中，提高理论应用的精确性也是个重要课题，它包括：确定普通常数；用公式进一步明确地表述理论的定量规则等。在提高理论应用精确性的过程中离不开创新思维。

第三，创新思维在科学理论修改中表现出来。所谓科学理论的修改，是指在理论的核心部分（包括基本概念、基本命题）保持稳定的情况下，对理论系统中的辅助内容、表述形式、有效条件等作出调整的过程。

（2）创新思维在科学理论的革命中产生与发展。科学理论的发展，首先表现为改良性的量变，即不新修改原有的理论，使原有的理论不断地充实和完善、修正和改进。然而，这种连续性的累积，知识的演变达到一定的时候，就将面临着许多长期不能解决的"反常"问题而陷入困境，这时就势必出现对原有理论进行根本改造的创新理论，这种新理论与原有理论进行竞争。如果新理论被高度确证并被普遍接受，那就是科学理论的发展进入革命阶段了，理论革命的结果是新理论取代旧理论。在理论革命过程中，创新思维也伴随产生并发挥着重要作用。在科学史上，运用创新思维推动理论革命的事例是很多的。例如，近代物理学发展到牛顿力学体系的确立，它往后一直居于统治地位约两个多世纪。但是牛顿的力学体系一直不能解答诸如水星近日点轨道的进动等反常事例。尽管如此，它仍占据着领导地位。可是到了20世纪初，爱因斯坦为了解决牛顿力学不能解决的问题，运用创新思维，提出了相对论，并用这个理论成功地解释了水星近日点轨道进动的超差观象，特别是相对论所作的两个大胆而新奇的预见，即星光经过太阳附近的偏离现象和大密度恒星的光谱红移现象，都被证实了，这一方面使牛顿理论的不完备性日益暴露出来，说明它在微观和高速运动的条件下是无效的；另一方面证明相对论获得了成功，这样在物理学上就发生了相对论的革命。牛顿力学的重要地位终于被相对论所替代，这种革命性的取代，完全是创新的结果。创新思维在理论的革命中产生的过程如下：

第一，创新思维在新旧理论的竞争中表现出来。由于新旧理论的竞争而导致一场科学革命，这在科学史上是多不胜举的。在高层次的领域内，创新思维用新理论取代旧理论的。例如，哥白尼以"日心说"取代"地心说"的革命；牛顿以"经典力学"取代"亚里士多德运动学"的革命；爱因斯坦以"相对论"取代"经典力学"的革命等。这些高层次理论领域的革命使一系列的分支学科也产生了相应的理论变革，为科学的总体发展开创了新纪元。无论是高层的领域，还是低层的领域，在新旧理论的竞争中，创新思维总是伴随着新理论去取代旧理论而表现出来。

第二，创新思维在旧理论归并新理论中表现出来。科学革命中新旧理论的更替存在两种情况：一种是旧理论可归并于新理论而成为新理论的特例；另一种是新旧理论不可归并的，完全不相容的。可以归并的如光的"波动说"与"量子论"牛顿力学与爱因斯坦的相对论等。不可归并的如"地静说"与"地动说"，"燃素说"与"氧化说"等。但无论如何，新理论取代旧理论的创新思维在新理论的成长与竞争中必然地发挥着促进作用。

（3）创新思维在新兴学科的创建过程中产生并发挥作用。科学理论是不断发展的。如果各门科学理论的发展是通过改良与革命两种方式进行的，那么科学的整体发展，从客观上看，则是通过不断创建新兴学科而表现出来的。科学的创新或者是由于各门科学自身进行分化的结果，或者是由于不同的科学部门之间进行结合的结果。

第一，科学分化是指由一门统一的科学，分化成为两门或多门新的分支学科，这是学科创新的一种表现。未分化的统一科学是对某个研究领域的整体性认识；而分化后的新学科，其研究对象的范围缩小了，而对此范围内容的研究与认识却更加具体和深刻了。例如"生物学"是对整个生物界的认识，而分化出的"动物学""植物学""微生物学"就是"生物学"的分支学科，虽然后者比前者的研究范围狭窄了，但对动物界、植物界及微生物的认识却加深了，因此科学分化是创新思维产生的一种形式。创新思维所要解决的是如何朝着新的方向去建立新的分支学科。

第二，与科学分化不同，科学知识的结合是指由两门或多门学科互相综合、相互渗透而形成的一门新兴学科。科学的结合是通过对一些特定对象的研究而把它们综合起来的完整的认识，这种综合不是把几个学科机械地拼凑起来，而是以特定的方式融汇相关的知识而形成一个具有新质内容的学科体系。例如，环境科学就是由生态学、地质学、气象学、水文学、土壤学、工程学等学科的知识综合而形成的新学科。因此，科学的结合是创新思维产生的另一种形式，创新思维所要解决的问题是如何朝着新的方向去建立新的结合学科。

3. 个人创新意识的产生途径

（1）要对国家和民族的前途有强烈的责任感。迈向知识经济时代。作为一种以知识为基础，直接依赖知识和信息的生产、扩散与应用的新型经济，在当前各国的经济发展和国力增强中发挥越来越重要的影响和作用。当今世界的竞争，归根到底，是综合国力的竞争，实质则是知识总量、人才素质和科技实力的竞争。从这个意义上，国与国之间的竞争也就是各国、各民族的创新精神和创新能力的竞争。因为没有创新，就没有科学发现，就没有知识的更新，就没有科学的进步，就没有技术的日新月异，就没有知识经济。

当前，国家要富强，就要自己培养大批有高度创新能力的人才，要靠创新来创造新时代，赢得未来。一个对国家、对社会有责任感和使命感的人，一定要正确把握时代的特点，从国家和民族的前途与命运的高度来认识创新问题，不断增强自己的创新意识和创新能力。

（2）要具有一定的背景知识。任何创新都要有思维材料为基础，这些思维材料也就是背景知识。创新者知识准备如何，直接关系到创新的成果和创新的程度。例如，牛顿发现万有引力理论，主要得益于数学。在牛顿之前，胡克也发现了物质相互吸引的现象，但由于他数学知识不足，因此他在万有引力定律的确立上没有坚定的数学基础而未获得成功。

背景知识不可面太窄，要尽量拓宽知识面，并使各方面有关的知识有机地结合，使知识与知识辩证地综合，并把知识与创新的目标联结起来，形成新的知识、理论和技术。奠定一定的基础知识不仅为创新思维准备了必要条件，而且也为研究思考问题少走或不走弯路提供经验。

需要注意的是，背景知识只是人们进行创新思维的必要条件，而不是充分条件。有了丰富的知识，有的人可能会应用得好而有所创造发明；但是也有的人，不会运用知识，而且受到知识的束缚，那就阻碍创新思维的产生和发展了。因此创新思维要把知识、理论与实际紧密地联系和结合，并有效地运用才会有所创造。如果把知识、理论与实际割裂，使他们脱节，那是不可能有所发明，有所创造的。

（3）要适应社会发展的需要。人类社会是不断发展进步的，它从客观上刺激人们要适应这种发展进步，这种社会发展进步的需要，是激励人们树立创新意识，不断创新的一种原动力。就像达尔文创造性地提出生物进化论一样，这是受生物界本身进化这种事实的刺激而产生的结果，这就要求人们必须适应社会发展的需求，不断增强创新意识，提高创新的能力，积极进行创新活动，才能获得创新的成果。

二、创新教育的体系分析

"创新教育所追求的培养目标，更注重激发学生的创新欲望，启动学生的创新潜能，发展学生的创新思维，从而养成学生的创新精神、创新品质，以及一定的实践能力，使学生的个性得到全面和谐健康充分的发展，是素质教育的核心内容"[①]。

（一）创新教育目标体系

创新教育目标体系主要分三个方面：总目标、阶段目标和分类目标。

第一，总目标。创新教育的总目标是：全面培养受教育者的创新意识和创新能力，造就适应经济发展和社会进步需要的各方面创新人才。

第二，阶段目标。不同的教育阶段，应当有各自的创新教育目标。从学龄前教育、小学教育、中等教育到高等教育和研究生教育，都应当有适合不同年龄段和文化水平的具体的培养目标。

第三，分类目标。不同的专业，不同的职业也应当制定出各具特点的创新教育目标。

（二）创新教育知识体系

针对受教育者的年龄特点和接受能力，编写不同的创新知识读物，并采取相应的教育措施和教育方法。

第一，启蒙教育。创新教育必须从孩童抓起。启蒙教育的主要对象是学龄前儿童。可讲述具有趣味性、启发性的创新故事，并辅之以有利于开发少儿智力的画册、玩具和游戏等，着重培养少儿的创新兴趣、问题意识、自立意识和联想能力。

第二，初级教育。初级教育的主要对象是小学生和初中生。要学习介绍创新基本知识的通俗读物，在整个教学活动中应贯穿创新精神，并组织学生参观科教馆，参加简单的创新实践，培养学生的创新意识、创新思维和自学能力、想象能力。

第三，中级教育。中级教育的范围不仅包括高中生和其他所有中等学校的学生，还包括成人特别是职工、干部的创新培训。中级教育应当学习创新基础知识，掌握一些创新方法，并能参与一些初始的创新实践活动，提高创新思维能力、独立思考能力、自主自立能力和团结合作能力。启蒙教育、初级教育和中级教育都属于创新基础教育，受教育者对创新知识的学习逐步加深，使创新素质和创新能力逐步提高，循序渐进地打下一个坚实的创新基础。

第四，高级教育。高级教育主要面向高等院校的学生或者具有高等学历的人。在高级教育阶段，受教育者应当掌握创新思维、创新方法和创新能力等方面的比较系统的理论知识，并具有独立进行创新实践的能力。当前，我国所有的高等院校，都应当增强创新意

---

① 王复生. 浅谈创新教育问题 [J]. 课程教育研究，2016（21）：225.

识，把创新作为公共必修课或者选修课，至少要搞专题讲座，对学生普遍进行创新教育。有条件的高等院校，也应开办创新专业，培养进行创新研究的专门人才。

（三）创新教育评价体系

创新教育评价是"现代教育评价最核心的评价形式和内容"[①]，也是检验全面贯彻教育方针、培养多方面创新人才实践情况的手段。只有建立科学有效的创新教育评价体系，才能确立正确的价值观，客观公正地评价创新教育的质量和社会效益。要建立创新教育评价体系，必须改革现行的升学考试制度、教育评估制度和人事考评制度。

1. 改革升学考试制度

升学考试，特别是招生考试和自学考试，对其他各种考试都起着导向作用，要改革考试制度，必须首先从改革升学考试制度入手。

知识无限，但人们所能记住的知识有限。记忆型的基础知识和基本理论要圈定考试范围，缩小到最低极限，让考生不必花费太多的精力，把这些有限的知识记熟。增加检测考生综合运用能力的考试内容，可以通过实际操作，面试口答，也可在操作的基础上写分析报告，进行笔试。每门学科都应当注重考生的创新能力，但不一定都专门进行创新能力考试，可在各学科的考试之外，另立一项以各门知识为基础的创新能力测试。创新能力测试的题目要给考生留有选择的余地。

2. 改革教育评估制度

对于学生，不能以考试成绩作为评价的唯一标准，要全面地看，要看实际能力，特别要看创新能力。每所学校都应当建立毕业生档案，对毕业生追踪调查，掌握毕业生离校后特别是走上社会以后的发展变化情况，研究学校教育对他们产生了哪些影响，在此基础上进一步探讨教育改革。对于学校，也不能片面地用统考的分数和升学率来评价教育质量，要看全面贯彻教育方针的情况，要看学生整体素质提高的情况，个性发展的情况，特别要看毕业生的质量，即创新人才的水平和数量。

3. 改革人事考评制度

改革人事考评制度，即要看学历，更要看能力，使具有真才实学和创新能力的人才脱颖而出，顺利发展。在改革人事考评制度的同时，也要相应地改革、完善人事分配和录用制度。

---

① 常维国，白晨. 试论创新教育评价的结构与功能 [J]. 前沿，2016（10）：57.

创新教育是开发创新潜力、培养创新人才的现代教育。随着创新教育体系的建立和不断完善，我国的教育事业将会发生根本性的变化，国民素质将会大大提高，国家也会变得更加繁荣强大。

第二节　创新思维特征与影响因素

一、创新思维的主要特征

创新思维是相对于传统思维对同一客体思考所体现出来的思维特质，与传统思维相比，具有鲜明的特征。了解创新思维的特征是理解、掌握和运用创新思维的前提。由于创新思维是一种复杂、高级的思维活动，人们可以从各个角度来阐述其特征，下面是创新思维的基本特征：

（一）流畅性特征

流畅性，是思维对外界刺激作出快速反应的能力。思维敏捷，反应迅速是其基本要求。思维流畅性是人思维的量的特征，通常以对问题回答的个数或提供解决问题方案的数量来判断其水平的高低。

流畅性包括语词流畅性、观念流畅性、联想流畅性和表现流畅性。创新能力强的人，其创新思维流畅，能在短时间内提出大量的对策和答案。

（二）灵活性特征

思维的灵活性，也称变通性。指的是思维活动能依据客观事物的变化而变化，也就是通常人们所说的"随机应变"。其主要特点具体如下：

第一，思维不受以往习惯、思维定势的制约，常改变思维方向，勇于打破种种局限，在对待同样的问题上，能够采用许多不同的解决办法和途径。

第二，思维具有较强的适应性、应变能力，能够根据情境的变化及时调整思维方向；在思维受阻时能主动地改变思路、从新的角度重新考虑问题，并敏锐地抓住新的信息。思维的灵活性可以使创新者的思维触类旁通，举一反三。

第三，思维可以使创新者在知识的海洋里纵横驰骋，可以在思维想象的空间中自由翱翔，可以迅速灵活地从一个思路跳到另一个思路，从一个意境进入另一个意境，从多角度、多方法地探索、解决问题，并能随着情况的变化而改变或调整所探索的课题和目标。创新思维能力越强，思路越广，提出的方案越多、越新，问题得到解决的机会也就越多。

思维的灵活性是以流畅性为前提的，思维不流畅，难以变通。从创新的角度而言，思维的灵活性是重要的环节。

（三）独特性特征

思维的独特性，又称创新性、新颖性。是具有创造力的人的最主要的思维品质，是创新思维质的特征。创新思维产生的构想不仅要求思维流畅（量度）、思维灵活（维度），而且要求思维角度新，能独辟蹊径，标新立异，独特新颖。这是一般人按传统思维所想不到的。思维的独特性是创新性与新颖性的统一。创新性是以独立思考，敢于质疑，善于求异，不迷信权威为前提的，突破传统思维方式、以前所未有的新角度去认识事物。新颖性是指思维成果在一定时空范围内是唯一的，首创的。思维的独特性可使一个创新者解放思想，敢于向旧的传统挑战，敢于向权威挑战，提出新的概念、新的原理和新的方法。

（四）自主性特征

思维的自主性，也叫思维的独立性。是指人们在认识和改造世界的过程中，能够依据客观条件和自己的需求、目的和聪明才智，来最大限度地发挥主动性、创造性的一种创新思维能力。一个人离开了思维的自主性，就不可能对自己的思维活动进行自我意识、自我支配、自我控制和自我调节，因而也谈不上独立思考与创新。思维的自主性是思维主体的一种内在规定性，是一个人在长期学习、工作和生活实践中所形成的独特精神世界。它包括意识、知识、情感、意志等多种因素，它的内容和实质就是在一定条件下，思维主体对自己的思维活动具有充分的自决、控制、调节的能力，它的表现程度和实现程度，取决于思维主体在思维活动过程中其积极性、主动性和创造性发挥如何。思维的自主性这种思维素质具有自我选择、自我决断的能力，带有鲜明的个性、开放性、探讨性特点。

二、创新思维的影响因素

任何思维的发展都是要受到一定的主观和客观因素影响的，创新思维的发展也不例外。影响创新思维发展的因素多种多样，而且同一因素对创新思维的发展可能会因为时间地点等具体条件的变化而产生促进或阻碍的作用。总体来说，影响创新思维发展的主观因素主要包括：性格、动机、兴趣、韧性、情感等等；客观因素主要包括：智力因素、遗传因素、环境因素等等。在环境因素中，社会、学校和家庭是影响创新思维的三个主要因素。要从学校教育因素的角度来进行分析和阐述，在学校教育中，学生之间相互启发带动、集思广益的能力，学生个体的联想与想象能力，学生个体的问题质疑能力是学校教育在培养学生创新思维时需要给予重点锻炼的。

人类思维的发展不是凭空产生的，创新思维的发展同样也是如此。面对问题，学生如何才能更好地分析和解决它，尤其是能够从多方面多角度提出问题的解决方法，这不仅需要学生个体原有知识的帮助，同时也需要同学之间在问题解决的过程中互相启发、集思广益。同学之间在对同一个问题进行思考的时候，不同的人可能有不同的出发点，对问题有不同的认识，这样可以从深度和广度上最大限度地对问题进行剖析。学生们在这个过程中是处在一个群体当中的，这使得每个学生在群体中发现了他人思维的闪光点，可以弥补自身思维的不足之处，既开阔了学生个体的思维，又体会到了一种群体的归属感，同时满足了学生在情感上发展的需要。

第三节　创新思维方法的具体类型

创新思维方法是指人们进行创新思维活动所运用的方法。创新思维方法不是独立于其他思维方法之外的某种特殊的思维方法，而是多种思维方法的综合运用。只不过相对而言，有些方法对创新思维活动更为重要而已。这是因为创新思维活动是一种探索性、创造性的活动，不可能有固定的途径和固定的方法，人们只有充分调动和发挥多种创新能力和方法，才能产生创新性成果。

人们在创新思维中所运用的方法，可分为逻辑思维方法和非逻辑思维方法两大类。逻辑思维方法即在概念的基础上进行判断和推理的方法，其特点是抽象性、推演性、规则性。运用逻辑思维方法进行思维时，有严格的逻辑程序和规则，思维要循序渐进不能胡乱跳跃。非逻辑思维方法一般说它没有确定的程序和规则，思维的前提和结论之间没有必然联系，它的特点是具有灵活性和变通性。

逻辑思维方法和非逻辑思维方法的特点不同，因而在创新思维中的作用也不同。非逻辑思维方法的主要作用是广开思路，提出种种新的设想；逻辑思维方法也能获得新的发现，但它的主要作用是对提出的新设想进行检验和验证。逻辑思维方法和非逻辑思维方法在创新思维中是交替运用的。

一、非逻辑的思维方法

（一）想象

想象是人脑在原有意象的基础上，加工、改造形成新形象的思维方法。

"想象"是个多义词，在日常生活中经常运用。"想象"具有猜想、设想的意思。这里所讲的是思维想象，它是对原有形象材料的分解和重组的过程，由此形成的思维结果是复合形象。复合形象具有间接性、概括性，它不是直接感知的产物，而是在感知材料的基础上进行选择、扬弃、改造的产物。

想象与联想同是形象思维的方法，但二者有明显的不同。联想只是把原有的形象联结起来，是对已有形象的简单利用，没有对原有形象材料进行分解、组合等加工活动；想象原则是对原有形象进行分解、提取、重组等加工改造，从而创造出新形象的过程。

想象这种思维活动具有很大的灵活性，很少受或者不受时间和空间的限制，但又离不开经验和知识，它是在已有的认识基础上进行的。

1. 想象的特征

想象的特征可以表现在多个方面，具体如下：

（1）视觉特征：人们可以通过想象形象的画面和场景。例如，想象自己站在一个美丽的海滩上，看着蔚蓝的海水和细软的沙滩，这样的视觉特征可以让我们仿佛身临其境。

（2）情感特征：通过想象，我们可以体验到各种情感，如快乐、悲伤、恐惧等。通过脑海中的情景和故事情节，我们能够感受到这些情感，仿佛亲身经历一般。

（3）抽象特征：想象不仅限于具体的场景或物体，我们还可以想象抽象的概念和理念。比如，想象未来的科技发展，想象可能的社会变革等。

（4）具有创造力：想象的特征与创造力息息相关。创造力是指通过想象力创造新的想法、概念或作品的能力。无论是艺术家创作绘画、作家构思故事情节，还是科学家提出新的理论，都需要强大的想象力来推动创新。

2. 想象的类型

想象的具体类型可以分为三种：再造想象、创造想象和幻想。

（1）再造想象。再造想象就是根据语言文学的描述或图表、模型的示意，在头脑中形成相应的形象的想象。例如，文学作品在阅读者头脑中形成的人物形象；剧作家把小说改编成戏剧，导演根据小说的描写创造出舞台上的各种场景和人物形象，工人根据工程师设计的图样，想象某一机器、建筑的结构、形象等，这些都是再造想象。

再造想象的基本特征是，想象的发生是以某种现成的描述、说明或图样为依据的。这一方面说明这些形象不是自己独立创造出来的，而是依据他人的描述、示意在自己头脑中再建的；另一方面，这些形象的形成又是经过自己对过去感知材料的加工，其中包含着个人的知识和理解能力的作用，因此具有创造的成分。进行再造想象必须正确地理解想象所依据的描述和示意。要想通过小说的指导而形成相应的形象，就必须读懂小说中的语言；要想根据设计图去构思建筑物，就要能看懂图纸。同时，进行再造想象也必须具备充分的形象材料，形象材料越丰富，再造想象越丰富，形成的想象结果也就越准确。

（2）创造想象。创造想象是不依据现成的描述而独立地创造出前所未有的新形象的方法。例如，发明家在进行发明活动时的想象，艺术家在进行艺术创作时的想象等。创造想象的特征是，想象的结果是新颖的、独创的、奇特的。

创造想象和再造想象有很大的区别。创造想象比再造想象难度大得多，再造想象是依据现成的描述进行的想象，而创造想象是依照自己的创见进行的想象，没有现成的东西可循。创造想象的过程要比再造想象的过程复杂，由于没有现成的依据，所以是一个从原材料到成品的艰难的探索过程。创造想象的成果是新颖的，而再造想象的成果是已有的。创造想象和再造想象虽不同，但在实际思维中，二者又是交叉在一起的，只有二者密切结合，才能使人的想象更丰富，更有成效。

（3）幻想。幻想是想象的一种特殊形式，它是一种与主观意向相结合并指向未来的想象。幻想的特点是与主体的需要、愿望密切相关，往往不与人目前的活动直接联系，而只是对未来的一种憧憬。例如，人们幻想离开太阳系去探索宇宙的奥秘。

幻想有两种，即积极幻想和消极幻想。积极幻想通常称为理想，消极幻想通常称为空想。理想有一定的现实基础，通过努力可以转变为现实；而空想则没有现实的基础，不可能转变为现实。

3. 想象的意义

想象是形象思维活动中的重要方法，人们凭借想象可以对不能亲自观察或未曾亲自观察的事物形成想象形象，从而扩大知识范围。例如，人们读书或听音乐中都可通过想象来丰富自己的意识。

想象是一种重要的创新思维方法。想象可以摆脱传统的束缚，实现思维的突破，提出超常或反常的新观念和新思想。丰富的想象力始终是科学发现中最活跃、最能动的因素。科学研究中每一新的假说的提出都与想象力的发挥不可分。例如，德国气象学家魏格纳有一次看到路上挂着的一幅世界地图，发现大西洋两岸，非洲西部的海岸线和南美洲东部的海岸线正好彼此吻合，于是他想象它们原来是连在一起的一块大陆，后来随着时间的推移，由于天体的引力和地球自转所产生的离心力，使原来是一块的大陆分成许多块，这些大陆块就像冰块漂在水面上一样，逐渐地漂移分开，形成现在的几大洲。这就是著名的"大陆漂移假说"。魏格纳这一假说的提出与其想象力的发挥是不可分的。想象对于人的实践活动也具有重要意义。人的实践活动是一种有目的有意识的活动，人在进行实践之前在意识中就预见到实践的结果，而这种结果常常是以形象的形态存在于人脑中。想象在实际运用中必须与理性判断相结合，才会产生有价值的成果，否则就会陷入主观幻想。

（二）联想

所谓联想，是由对一个事物的认识而想到另一事物的思维活动或思维方法。联想的特点在于通过形象的或形象与概念彼此联结而达到对事物的认识。

联想作为一种思维方法是有其客观根据的。客观世界的各种事物是相互联系相互作用的，而且事物的联系也是多种多样。事物之间的客观联系反映到人们的思维中，便形成了主观形态上的事物联系，从而使人们通过这种联系达到对事物由此及彼的把握。同时，人脑具有"刺激-反射"的生理学条件，大脑皮层在外界纷繁复杂而又相互联系的刺激物的作用下，形成错综复杂而又有规律性的神经联系，这种生理现象的神经联系与思维的联想活动虽有质的区别，但二者又存在着协调的、同步的关系。

联想方法曾经是心理学的重要研究内容，特别是 19 世纪联想心理学曾占优势。现在主要是把联想作为一种创新思维方法来加以研究。联想是在逻辑思维主导作用下进行的，其形象活动主要是由语词引起和表现的，它有极大的能动性、灵活性，具有十分丰富的内容，其具体表现也是多种多样的。

1. 联想的特征

（1）关联性特征：联想是通过共同点、相似性、时间或空间接触等多种关联方式进行的。当我们遇到一个事物或触发一个记忆时，与之相关的其他信息会不自觉地浮现在脑海中。

（2）记忆的基础：联想和记忆密切相关。我们的记忆是由多个信息网络和关联构成的，联想能够帮助我们在这些网络中找到相应的信息。

（3）创造性特征：联想是创造力的一种表现形式。通过将不同的概念、记忆或经验相互联结，我们可以创造出新的想法、解决问题的方法，推动创新。

（4）学习和认知特征：联想在学习和认知过程中起着重要作用。通过将新的知识与已有的知识相联结，我们可以更好地理解和掌握新的信息。

2. 联想的类型

联想方法的具体形式很多，主要可以分为接近联想、类比联想、对比联想、空位联想。

（1）接近联想。接近联想是根据事物在时间上或空间上的彼此接近，从而由一事物想到另一事物。例如，人们常说"叶落而知秋"，或者谈到杭州就会想到西湖，前者是时间上的接近联想，后者是空间上的接近联想。有时，时间上的联想和空间上的联想又是交织在一起，不能截然分开的。又如，每当过年过节的时候，人们就想起远在他乡的亲人以及过去和他们相聚的情景，这就既是时间上也是空间上的接近联想。

接近联想主要是人们凭借事物表象进行的联想，尽管其认识水平较低，但却是一种关于事物相互关系的形象思维活动，是一种开始深入事物内部的认识方法。

（2）类比联想。类比联想是根据事物之间在形态上或性质上的某些相似而引发的联想，又称为相似联想。类比联想是通过比较，由对某一类对象的了解而过渡到对另一类对象推测性的理解。类比联想的这种转移性，使它在思维中发生着巨大的创造作用。例如，瑞典天文学家林布拉德把星系与流体进行类比联想，把星系中的恒星设想成一个个水分子，把星系设想成流体，从而建立了解释星系旋臂结构的密度波假说，这说明类比联想在科学发现和技术发明中的作用，类比联想比接近联想有着更加广阔的应用领域。

（3）对比联想。对比联想是根据事物之间主形态上或性质、作用上存在着某些方面的不同或彼此相反的情况而进行的联想，从而引发出某种新的设想。例如，由炎热的夏天想到寒冷的冬天，由狭窄的山谷想到一望无际的草原。由于对比联想是从事物的相反情况思考的，所以又称之为逆向联想。

对比联想以事物之间的对立统一关系为基础，它抓住了事物之间的矛盾关系、转化关系，更加开阔了人的视野和加深了思维的深度，所以它比接近联想、相似联想更为深刻，在创造性思维中也更有意义。对比联想是逆事物之间通常出现的某种联系或关系而想的，所以它有打破思维定势、开拓新思路的作用。

（4）空位联想。空位联想是将问题置于另一特定时间和空间的联想方法。即当问题的解决出现困难时，可以联想到已不处于此时空的另一个相类似的问题，这样可以打破固有的思维定势，获得新的思想，这种方法的实质就是为问题的解决找一个空位，而这个空位是他人未涉足的。

空位联想的特点就是寻找他人未涉足的空位。因此，当人们在工作中遇到困难时，要尽力跳出原有的思路，寻找适合自己生存和发展的空位，这时就会有新的发现、新的创造。

3. 联想的意义

联想广泛存在于人们的思维活动中，也是一种十分重要的思维能力。联想与记忆紧密相连，任何思维活动都离不开记忆，记忆为思维活动提供背景材料，而联想则是打开记忆大门的钥匙。通过联想把记忆中的材料用于对新材料的加工之中，并形成新的联想成果。联想是对正在被加工的对象与已储存在记忆中的材料的一种连接性思维活动。联想丰富，思维才活跃；而缺少联想的人，思维活动一定很贫乏，思维成果也不会丰富。努力掌握联想方法和培养联想能力，是提高思维能力的重要途径。

联想也是创新思维的一种方法，它能扩大思考问题的范围，使思维能多角度、多侧面、多渠道地思考问题，从而寻求问题的多种解决办法。

（三）直觉

1. 直觉的特征

所谓直觉，就是对一些事物或现象未经过严密的逻辑思维程序而在一瞬间直接地认识到其内在本质或规律的思维活动。直觉不同于直感，直感是人的感官对客观事物表面现象的直接感知，属于感性认识。直觉是人的思维直接把握事物本质的过程，属于理性认识。直觉具有如下特征：

（1）跳跃性特征，指它是由现象直接达到本质，跳过了通常逻辑推理程序的某些环节而直接地得出结论。所以直觉思维不像通常逻辑思维那样循序渐进，而具有思维的跳跃性，是一种认识上的突变和飞跃。

（2）快速性特征，指直觉所经历的时间很短，是瞬间完成的。但这个瞬间完成是建立在长期酝酿和思索的基础之上的，是一种"豁然开朗"。

（3）偶然性特征，指直觉的结论不十分可靠，而具有某种程度的猜测性，需要进一步的验证直觉的产生形式上虽有偶然性，但并不是灵机一动凭空出现、神秘莫测的，只有具备了一定的条件，直觉才能产生。一方面它必须以丰富的相关知识和经验为基础；另一方面还要求对所研究的问题进行反复思考，经久沉思，以致达到问题总是萦绕脑际的程度。只有在这种情况下，才能出现豁然开朗的结果。

直觉的产生虽然具有思维的跳跃性，但并不是与逻辑无关，它是以逻辑思维为前提和后继的。在直觉产生之前对经验材料进行思索时需要运用现有的理论和知识进行分析、归纳。而在直觉产生后，还要进行逻辑论证。

2. 直觉的类型

根据直觉的基本性质或范围，可将直觉分为艺术直觉和科学直觉两类。

（1）艺术直觉是指艺术家在艺术创作过程中，对某一个体形象直接上升到典型形象思维的过程。艺术创作主要是动用形象思维，即塑造典型形象的过程。艺术家在体验生活的过程中，有些印象使艺术家产生了强烈的感受，于是在思维中由个体感性形象直接上升到理性的典型形象，这就是艺术直觉推动个体形象向典型形象的转变。

（2）科学直觉是指科学家在科学研究过程中，对于新出现的某些事物或现象非常敏感，立刻意识到它的本质或规律的思维过程。例如，英国物理学家查德威克在中性粒子假说的基础上，对于约里奥·居里夫妇发表的实验报告非常敏感，立即就认为这不是 γ 射线而是中子。后经深入研究，证实了这种直觉是正确的。科学家对于一些新出现的现象之所以非常敏感，是由于长期从事科学实验，具有丰富的知识和经验，这是科学直觉的基础和前提。

3. 直觉的意义

直觉是创新思维活动的重要方法，它突破了经验思维之习惯性、理论思维之严格性、形象思维之细致性等所带来的某种局限，从思维起点很快可以达到思维的目标，取得认识的新成果。直觉思维在情况紧迫需要当机立断时为人们铺设了一条思维捷径，使人们有可能对某些问题高速度、高效率地作出判断和决策，它在科学发现、技术发明、艺术创作中占有重要地位。许多科学家都非常重视直觉的作用。

需要注意的是，由于直觉的特点是未经过严密的逻辑程序，所以其结论具有猜测性、偶然性，必须进一步经过逻辑证明和严格的实践检验，才能转化为科学理论。

（四）灵感

1. 灵感的特征

灵感通常泛指一切科学、艺术等的创造性活动中主体创造力的一种高涨状态下的顿悟，是一种较为复杂的思维现象。灵感与直觉有一些共同点，它们都是人类认识过程中的突变和飞跃，都具有突发性、创造性等等特点。但是灵感又与直觉有一些不同的特征，具体如下：

（1）灵感的产生常常是受到某种偶然的因素诱发的结果。例如，牛顿受"苹果落地"的启发，凯库勒受蛇的启发等，因此灵感具有间接性。直觉的产生不受某种启示物的启发，具有直接性。

（2）灵感的显现具有瞬间性特征，即灵感被激发时，刹那间掠过人脑，转瞬即逝，不再重复出现。因为灵感是主观与客观多种因素在特定条件下结合的产物，而主、客观条件是不断发展变化的。直觉则具有可重复性。

（3）灵感的产生总是伴随着激情。灵感是人的智慧之光的瞬间闪烁，是神经活动处于高度兴奋状态的产物。许多科学家、艺术家都谈到过当灵感发生时的兴奋心情，甚至是欣喜若狂。

2. 灵感的类型

灵感可分为外在条件诱发的灵感和潜意识诱发的灵感两大类型。

（1）外在条件诱发的灵感：①他人的思想、观点的启发，即通过读书、和别人谈话等方式受到了启发，诱发了灵感；②外界某件事物的诱发；③情景的激发，即由一种特殊的情景形成了对人的一种刺激，从而诱发了灵感。

（2）潜意识诱发的灵感：①梦中诱发的灵感。例如，凯库勒梦中看火焰咬住其尾巴，诱发了灵感，形成了苯分子六角形结构。②在休息散步，做与课题研究无关的其他事情时突然爆发的灵感。当对一个问题的研究百思不得其解时，可以有意地停止思考，改变一下环境或做一些与所思考的问题无关的娱乐活动，使大脑的剧烈活动暂时得到休息，而在此时由于潜意识的活动，有时灵感会突然出现。

3. 灵感的产生

灵感的产生虽然有其突发性、偶然性，但灵感的到来又是有一定条件的。首先，要有需要进行创新思维的课题，这种课题是客观实践的需要和主观探索精神的产物；其次，灵感以一定的知识背景为依据，相关的经验和知识是灵感产生的土壤；最后，要有对问题的长期反复思考，没有苦苦的思索，灵感是不会突然到来的。灵感的产生也要借助于一些具体方法，具体如下：

（1）借潮进港法。思维活动也像大海一样，有潮起潮落之时。借潮进港法就是借思维兴奋之潮，进解决问题之港。运用这种方法主要就是要有意识地培植思维的"大潮"，然后抓住这种大潮，不失时机地进行思考。

（2）问题搁置法。问题搁置法与借潮进港法相反，即当思维进入低潮时，可以有意识地放松一下，使大脑暂时休息。但这时潜意识仍在活动，当遇到某种外界刺激，灵感就可能会发生。

（3）异想天开法。异想天开法就是使自己的大脑打开思路，让想象力纵横驰骋，思维自由组合，尽量摆脱传统的观念和思路，以此诱发灵感。

（4）跟踪记录法。灵感具有瞬时性，有时灵感一闪而过，如不及时抓住，就会失去，因此必须跟踪记录，这是捕捉灵感的普遍方法。

二、辩证逻辑的思维方法

(一) 对立互补思维法

1. 对立互补思维法的特征

对立互补是辩证思维最根本的特征。所谓对立互补思维就是指以把握对象的对立统一为目标的思维过程。对立互补思维以辩证法的对立统一规律为基础和前提，是客观事物对立统一结构的一种反映形式。对立互补思维方法即自觉遵循对立互补思维过程来思考和研究问题，善于把握对象的对立因素，善于在两个互相排斥、互相反对的事物间，发现其互相依存、互相贯通，互相转化的属性，以达到对事物内在联系的深刻认识。对立互补思维具有以下特征：

(1) 整体性特征。人在认识客观对象时，首先是通过对感性材料的分析，形成对事物各个方面规定性的认识。这样的认识虽然是必要的，但却造成了认识的分割性。对立互补思维则克服了这种分割性、割离性，通过把握对立面之间的互相依存，互相渗透的关系，达到对事物整体性的认识。

(2) 全面性特征。思维的割离性必然造成思维的片面性，抓住一面丢弃另一面。互补性思维要求把握对立双方，这就形成认识上的两点论，达到全面性的认识。

(3) 发展性特征。矛盾是事物发展的动力和源泉，也是认识发展的源泉，通过对立互补使矛盾得到解决，使事物向前发展，使认识得到升华。

2. 对立互补思维法的多样性

对立互补思维在应用中是具体多样的，常见的有以下三种：

(1) 辩证综合。辩证综合是对立互补思维的一种重要形式。所谓辩证综合，即将对立各方的积极因素有效地组合起来，亦此亦彼，实现对立双方的有机统一。

(2) 逆向思维。逆向思维即思考问题时从事物常规相反的方向入手，有意采取反其道而行之的办法，用反向的做法，达到正向效果。人们在工作或科学研究中，遇到一些难题，如果沿着原来固有的思路去思考，易受到传统观念、思维定势的束缚，调换一下思维的角度，从相反的方向思考一下，有时会意想不到地获得新的思路、新的方法。逆向思维的核心是思维尽可能反常、求异、求新，两极相映、反观而求，"反弹琵琶"求解。

(3) 换位思维。换位思维即在认识过程中，以转变主体的立场或方位来突破束缚主体的各种条件，以达到对事物全面认识的思维方法。

人们在社会生活中，各有自己的位置，位置不同观察问题的角度就不同，进而导致对同一事物的看法、做法也不同。换位思维就是将认识的主位立场，从主位换到客位来思考，是主体认识从"自我"立场向"非我"立场的转化，当然转到"非我"立场并不是目的，最终还要转回"自我"立场。

3. 对立互补思维法的重要作用

对立互补思维法的重要作用主要是指它在创新思维中的作用，具体如下：

（1）对立互补思维具有综合的作用。通过对立互补可以实现对立双方积极因素的有机融合，从而产生出整体的综合效应。

（2）对立互补思维具有优化作用。对立互补可以使事物的两极同时显现其存在的价值和意义，便于人们从中优化选择，这对于确定正确的决策方案具有重要意义。

（3）对立互补思维具有推进作用。对立互补的目标是把握事物诸方面的有机统一，实现对立双方的相互转化。所以，对立互补的结果必然是提高和发展。

（二）分析和综合统一法

所谓分析，就是指在人的思维中把认识对象的整体分解为各方面、各个部分、各个要素。当人们面临一个复杂的、比较庞大的思维对象时，思维无法快速把握其整体，这就需要将思维对象加以分析。分析的特点就是把思维对象加以分解、割裂、拆开。但分解、割裂、拆开的目的是为了找出它们的本质属性和彼此之间的关系。离开了对思维对象本质和结构的认识这个目标、单纯的分析就会造成认识的孤立性和片面性。分析性的思维方法在西方近代自然科学中占据了主导地位，并对近代自然科学的发展起了较大的推进作用，与此同时也形成了西方哲学的分析传统。

所谓综合，就是指在思维中把认识对象的各个部分、各个要素以某种方式组合起来，从而形成对对象整体性的认识。综合方法的特点是认识的整体性，它是在分析的基础上把人们对各个部分、各个方面的认识联结起来，所以它的关键是如何联结。如果联结只是各个部分的机械相加，那么这种综合只是抽象思维的综合，辩证思维的综合则是要研究对象的各个部分、各个要素的相互联系和相互制约，在此基础上形成对对象整体的认识。

1. 分析与综合的辩证统一关系

从人类思维方法发展的历史看，分析法与综合法曾是互相分离的。科学家与哲学家都曾片面强调某一种方法。只有在现代科学和哲学的发展水平上，分析法和综合法才达到了辩证的统一。

分析与综合从认识的走向上看是正相反的，分析是认识从整体到部分，综合则是认识从部分到整体，但两者在人的思维活动中又是互相依赖、互相渗透、互相转化的，所以是辩证统一的。

分析和综合是互相依存的。分析是综合的基础，综合依赖于分析。思维既把互相联系的要素联合为一个统一体，同样也把意识的对象分解为它的要素。没有分析就没有综合。只有对事物进行精密的分析，才能达到对事物深入严整的综合认识。缺乏分析的综合，认识只能是抽象的、空洞的。反之，分析也依赖于综合，分析既以综合为先导又以综合为目的。人们在进行分析之前总是以现有的对对象整体的初步认识作为起点，否则分析也就无从进行。同时分析的目的也是为了综合，离开综合，分析也就失去了意义。所以，分析离不开综合，综合也离不开分析。

分析与综合也是互相渗透的，即分析中有综合，综合中有分析。分析中有综合是说，在以分析为主的过程中要有小的综合。综合中也有分析，即在综合的过程中也有分析的因素，综合是在分析的基础上进行的，但人类的认识不是一次完成的，在综合的过程中发现对某个侧面的认识还不够透彻，这时就需要再对其进行调查研究，进行分析。

分析与综合又是互相转化的。分析要向综合转化，因为分析的目的就是为了综合。分析所得到的局部认识必然要向整体性认识发展。反之，综合也向分析转化，即综合所得到的认识还要进一步向更深入的分析发展。人类的认识就是一个分析与综合不断相互转化的过程，而每一次新的分析与综合都使人的认识更加扩展和深化，从而构成了人的认识螺旋式的上升运动。

2. 分析与综合统一方法在科学创造中的意义

（1）分析与综合统一是科学研究的基本方法。分析方法追求认识的精密性、深刻性，综合方法追求认识的整体性，分析与综合统一的方法则把分析的精密性和综合的整体性统一起来，以认识的精密性深入认识的整体性，以认识的整体性发展认识的精密性。所以在科学研究中要达到对事物整体性和深刻性的认识，就离不开分析与综合统一方法的运用。

（2）分析与综合在科学发现中的作用。任何科学发现都要从已有的相关知识中汲取营养，分析的作用就在于从大量的相关知识中汲取与解题有关的思想要素。科学家正是利用这些相关知识中的有效成分，才能在此基础上提出新的思想来。而综合的作用则是将这些要素综合成一种新的观念或假说。科学发展的实际情况常常是这样：当科学事实与科学知识积累到一定程度时，需要从更大的广度和更深的层次上揭示事物的内在统一性，这时就会有科学家通观全局，出来做综合概括工作，从而产生了重大的科学发现，推动了科学的发展。

（3）分析与综合在构建科学理论体系中的作用。科学理论体系是个概念的系统。构建科学理论体系就是将感性具体在思维中再现出来。在这个过程中，必须将研究对象的元素形态通过分析而抽象出来，并形成各种抽象的规定，然后通过综合，依照事物的内在结构和层次，把它们逐步结合起来，以便形成具体思维，也即科学的理论体系，这就是科学理论建立的从抽象到具体的过程，在这个过程中离不开分析与综合统一方法的运用。

（三）发散思维和收敛思维统一法

1. 发散思维与收敛思维的特征

（1）发散思维及其特征。所谓发散思维，是思维主体从不同方向、角度、侧面去思考问题，从多方面寻找解决问题的出路、办法和答案的一种思维方式。发散思维体现了思维的开放性、灵活性和创造性，是一种求异思维，不走老路，寻求变异。

发散思维的特征是多向性、变通性、开拓性。发散思维在思考问题时如同光源一样向四面八方辐射出去，使思维不局限于一种模式、一个思路，充分发挥思维的能动性。发散思维能够随机应变，变通的过程也就是打破头脑中既定、僵化模式的过程，发散思维不墨守成规，不满足于现有的思路，而努力从新的方向、新的途径去探索，力求使解决问题的办法和方案有所创新、有所前进。

（2）收敛思维及其特征。收敛思维与发散思维是正相反的，它是以集中为特点的一种思维方式。人们在思考和处理问题时，当从多方向、多角度、多侧面思考以后，把思考的结果和意见集中起来，从中寻求一个正确意见和解决问题的最佳方案，这就是收敛思维的过程。

收敛思维的特征是求同性和有序性。收敛思维要求人们从相同的方面去思考问题，并力图找出解决问题一致的措施和统一的方案。收敛思维要求人们思考问题和处理问题要有程序，先做什么后做什么，层次井然、有条不紊。收敛思维本身并不创新，但对已经设计出来的新方案，它会按照严格的程序进行审查比较，以确定其对目标实现的利弊。

2. 发散思维与收敛思维的对立统一

发散思维是以"放"为主的思维方式，收敛思维是以"收"为主的思维方式，"放"和"收"显然是对立的。但是，发散思维和收敛思维又是同一思维过程中的两个不同的阶段，在人们思维过程中互相依存、互相转化，所以是对立统一的。

发散思维离不开收敛思维。发散思维要以收敛思维为基础，发散思维过程是以历史上已有的思维成果为基础的。发散思维是多向性和开放性的思维方式，它对于创新非常重要，但是如果只发散不收敛，尽管可以发散出许多创造性的闪光火花，却不能统一起来形成集中的思维成果。没有收敛的发散思维，会使思维失控，陷于无序状态，成为混乱的思想。

收敛思维也离不开发散思维，思维发散是思维收敛的前提。收敛思维是以集中为特点的思维。而集中是在发散基础上的集中，没有发散也就无所谓集中，如果只有思维的收敛过程，而无发散过程，就会形成传统性、习惯性的思维，使思维陷入封闭、保守之中。这样就会对新事物，新领域视而不见、充耳不闻，扼杀思维的创造性和活力。

发散思维和收敛思维在思维过程中也是互相转化的。人们在实践中思考其问题时，首先必须打开思路，进行多方面思考和探索，在此基础上提出方案，制定措施。当思维发散到一定程度以后，便开始收敛一下，把思维理顺，把想出的方案、办法加以条理化，进行比较、筛选，确定解决问题的最佳方案、措施。然后，在新的基础上，再开始新的发散，进而在更高层次上进行收敛。科学思维就是发散、收敛、再发散、再收敛、再发散……循环往复以至无穷，波浪式前进，螺旋式上升，从而把思维推向更高水平。

3. 发散思维与收敛思维统一在创新中的意义

发散思维的显著特点是求异、求新，它对培养人们的创新意识具有重要意义。没有思维的发散过程，就不会发现新事物、新领域、新方法，因而也就不可能有所发明创造。一个人在工作中或科学研究中思维发散面愈广，也就越能发现问题，一个思维封闭的人，是很难发现问题的。发现问题以后要解决问题，仍要继续发挥发散思维的作用，这就要从多方面、多途径寻找解决问题的办法。这时思维发散得越广，解决问题的办法越多，可供比较选择的余地越大，从而取得最佳解决方案的可能性也越大，工作中的创造性也就从中发挥出来。

思维收敛的特点在于求同和有序，它要求人们善于归纳总结，找出解决问题的最佳方案，找出规律性的东西。收敛思维的优势是运用经验、程序去思考问题和解决问题。它以巨大的可容纳性凝结着人类思维的成果，把这些成果程序化、规则化。如果没有收敛性思维的集中过程，思维的发散就会没有成果。

发散思维、收敛思维各有所长，要发挥其各自的长处，但又要防止片面性。既不能囿于发散思维，整日漫无边际地遐想，到头来两手空空，无所作为；也不能困于收敛思维，一切照章程办事。而应把二者结合起来，共同发挥其积极作用。

人们在对思维的考察中，往往抬高发散思维的作用，贬低收敛思维的意义。实际思维的发散和收敛过程是统一的。在实际思维中，应把二者统一起来，这才是现代思维的特点。

第四节　创新思维与创新型学习观念

一、学习与学会学习

(一) 学习

学习，在汉语中实际上是两个概念，即"学"与"习"。"学"，在许慎的《说文解字》中作"觉悟"解；在《现代汉语词典》中作"学习""模仿""学问"等解。"习"，在许慎的《埤文解字》中作"数飞也（鹰频频起飞）"解；在《现代汉语同典》中作"温习""对某事物常常接触而熟悉""习惯"等解。把"学"与"习"连起来，构成为一个概念，应首推孔子了。《论语·学而》第一句话，就是"子曰：学而时习之，不亦乐乎？"孔子在这里所说的"学"，是有所指的，即指读书，学自西周以来的"诗、书、礼、乐、射、御"等古代文化典籍。而他所说的"习"，也是有所指的，即演练，演习"礼""乐"，复习"诗""书"等。孔子认为，学了"诗、书、礼、乐"等，又经常演练、复习它，实在是人生中的一件非常愉快和高兴的事儿。由此可见，所谓学习，就是指从阅读、听讲、研究、实践中获得知识或技能。

人只有不断地学习，才能不断地适应外部环境，学习一旦停止，"适应"也就停止了，于是危险的情况就有可能出现。主体的适应性最突出地表现在主体审时度势、顺应已经变化了的科学技术状况，改变自己的学习、思维方式，站在时代的高度和历史的前列，我们应该发挥学习和思维的能动性和创造性。学习和思维方式是历史范畴的一部分，每个时代都有与之相适应的学习、思维方式。只有了解它，掌握它，才能成为时代的主人。

1. 学习心理的基础条件

学习心理，是指人们在学习过程中的心理反应、心理特点及其活动规律。学习心理研究的主要内容是：如何调动人的学习积极性。即掌握知识、形成技能、发展思维能力等方面的心理学问题。

人类的任何一种智慧活动，包括学习在内，都有多种心理因素参与。这些心理因素一般分为两个系统：一是认知性心理机能，即人们常说的智力因素；二是非认知性心理机能，即人们常说的非智力因素。

认知性心理机能系统即智力因素，在智慧活动中具有直接参与对客观事物的认识和处理各种内外信息等具体操作的机能。非认知性心理机能系统，即非智力因素，对智慧活动起着动力、调控、维持、强化、导向等作用。智力因素和非智力因素在学习中的作用和影响还需要具体进行分析和研究。

（1）智力因素：学习的必要条件。在人类进行创新活动时，最重要的就是智力，它的作用是通过整体发挥的。当一个人智力较高时，他的其他能力，如记忆和思维能力都会比较高，如果他的能力偏向某一类，如只拥有记忆力，但是其他能力比较差的话，在创新中会受到限制。

在智力的各项因素当中，最基本的就是在创新的过程中，可以发挥作用的各项能力，如对信息的加工处理等。在创新的过程中，这些能力担任操作者和执行者的角色，是对创新进行操作的系统。学习受到智力因素的影响，本身就是一种智力的活动，学生会在智力活动中对世界进行观察、思考，从而对一些科学的知识进行掌握，并且拥有解决问题的能力，得到相关的经验，这样就可以对客观事物的本质进行认识，并且找寻变化的规律。一般而言，学习的效果和质量都与智力水平息息相关，只有智力、能力和水平比较高的时候，学到的知识才能更扎实、水平才能够更高，并且进行活用。

人的智力水平一定程度上是遗传的，同时也受环境和教育的影响，环境和教育起着主导作用。人可以通过积极参与实践，以及在活动当中不断思考而提高自己的智力。先天的智力条件不仅仅受到遗传的影响，还与后天的各项因素有关，但一个人智力是否有潜能，以及潜能的大小都受到先天的影响，后天因素是用来发挥智力潜能的，使自己智力的潜能不断提高，即使是先天智力很高的人，如果没有后天的开发和良好的教育，也不会得到高智慧。

（2）非智力因素：学习的充分条件。非智力因素属于心理学，西方的心理学界对智力进行测验，从而产生了对非智力因素的一些科学性认识，我国的非智力因素教育是在教育实践中产生的，在智力开发到瓶颈期时，提出了非力因素的后天培养，以问题的发现为基础，许多人都提出了各方面因素的关系理论，如与成才和学业成绩的关系等。

在认识的过程中，并没有智力因素的直接参与，他不会主动地吸收机体以内或以外的信息，也不会对他进行加工处理。而非智力因素对人的认知具有调节能力，可以制约认识过程，这里的因素，决定了一个人能否进行创新活动。而非智力因素调节的是人类的动力，表现为一个人是否愿意做，非智力因素与智力因素共同决定了个体的主动性与表现质量。一般而言，个体的主动性与表现质量为非智力因素决定，一个智力比较高的普通人，没有学习的动力，没有兴趣，也不会取得好的成绩。

当前，在智力相同的学生中，非智力因素对学生学习的效果影响非常大，相比而言，非智力因素高的学生比低的学生学习成绩要优异。一般来讲，如果一个学生智力因素较高，但是非智力因素较低，他的学习成绩不一定会比智力水平较低，但是有较高非智力因素的学生高。

非智力因素与智力因素有区别，非智力因素包含许多的因素，这些因素在创新活动中发挥着各自的作用，这些因素之间相互独立，不会互相影响。非智力因素当中的某些因素特别优异的人，会在创新活动当中取得优异的成绩，智力因素受遗传的影响非常大，相比之下，非智因素可以受后天的培养，大学生想要获得成功，就一定要注重培养自己的非智力因素。

2. 学习活动的基本规律

规律属于事物的本质，是事物发展的必然趋势。学习活动有它自己的基本规律，这一规律需要对学生活动的要素进行一定的反应，同时还反映学生在各个学习阶段的趋势以及必然的联系。学习的规律主要有以下方面：

（1）记忆储存规律。人类的记忆也有它固然的规律，并不是杂乱无章的，具体如下：

第一，如果记忆的材料特别多，记忆就会产生一定的困难，所以一定要适当的设置记忆材料，在材料比较多的情况下，可以将材料分成许多小段。

第二，更容易记的材料是一些有含义的材料，这种材料保持的记忆时间较长，我们可以通过将一些没有意义的材料用某种方法转变为一些有意义的材料来方便自己的记忆。

第三，记忆往往是多次少量完成的，它不能够一次到位，需要不断的记忆强化，读一次的内容往往没有读几遍的内容记得牢固。

第四，人的记忆会受到一段材料熟悉记忆程度的影响，熟记就是通过反复的学习，能够超过回忆达到记忆的程度，熟记可以通过反复的回忆来完成，使得知识的痕迹在大脑中越来越深，能够长久稳固。但是反复记忆也不能够超过限度，会降低自己的效率。

第五，新知识的学习是在已经获得学习基础上的发展，新知识与旧知识之间有着联系，他是由旧知识发展而来的，将新学习的知识放入到自己原有知识系统当中，可以方便记忆。

（2）思维提升规律。思维，就是人对事物认识的过程中发现基本规律的过程。思维具有间接性和概括性，思维的这两个特性使思维可以发现事物的本质，并且寻找规律，思维的活动可以间接的反映事物的发展规律，这就是思维的间接性。头脑可以迂回的对一些事物进行认识和理解，转变为自己的经验，感知人类从未目睹的事物规律。思维还具有概括性，通过对于一般事物的多次感知，它可以得出一个结论，可以将一类事物共同拥有的本质反映出来。

（3）继承累积规律。继承分为广义和狭义，狭义是指学生对教师的知识、道德、理论观念、工艺和艺术技术等多方面的认识结果，并且对这些结果进行继承与发展，丰富其结果，从而进行承前启后的学习，批判性的对教师的知识进行继承与完善。

人类知识是不断积累的，纵观人类学习的历史，早期人们只能对一般的生活常识进行学习，在漫长的发展过程当中，人们通过不断的实践，通过对食物结构的改善，增加了自己的脑容量，智力水平得到提高，对世界有了进一步深层次的认识，从而开始改造世界，在实践的过程中，不断丰富自己的经验，增加学习的质量和内容。

（4）环境制约规律。人类作为主体，在学习的过程中受到社会与环境的影响，在社会比较安定、风纪良好、秩序井然的时候，学习的主体会有一定的安全感以及荣誉感，外界的干扰少，可以促进学习。

在学习主体学习环境较恶劣，生活窘迫的时候，学习的效果也会受到影响。社会为了提高学习的效果，可以为学习者提供良好的学习条件，如美化校园的环境、壮大师资力量等。

（5）知行统一规律。在学习过程中，知与行是一对矛盾，人学习不仅仅是为了获得知识，还是要将知识落实到实践上，通过实践对世界进行改造，这是为了达到应用知识的目的。

如今，我们的学习层次有了更深的发展，更注重知与行的共同发展，注重学习的创新意义，在传统学习过程当中，主要注重对知识的积累，这种学习意义不大。当今社会应用创新和实践的能力十分重要，他能够融入人的学习过程当中。同时，也融入人的生命，如任何实践与人所处的任何环境，都成为人类的细胞，因此，学习是人类必要的行动。

（二）学会学习

1. 学会自学

与学校教学相对的，进行独立自主学习就是自学。积极主动学习知识并且能够进行知识创新这是自学的核心。主动创新、自主求知、独立学习是自学的三大要素。把握好一切可以利用的资源，例如实验器材等，积极主动地对知识进行探索，善于独立思考，设定好学习的计划和目标，制定详细的学习计划，独立自主进行学习。

在学习的过程中，自我评估、管理和检测是非常重要的，自主学习的意识要很强，要有创新精神，不仅要提升学习效率，还要提升创新的水平。学生的主体意识一定要得到强化，在学习中要主动进取，要具有创造性。在课堂中要将自己的学习潜能发挥出来，从被动听教师讲课转变到主动地学习知识。

　　自学的重要性是每个人都知道的，自主求知的创造力是自学能力中最重要的。自学除了校内自学还包括校外自学。知识内化的过程是独立自主的，从这个意义上而言，所有的学习都是自学。自学是学习中不可缺少的一部分，自学能力也是特别重要的，自学和学校学习是互补的关系，对于人类的知识获取而言，自学是非常重要的方式。

　　当前人们需要具备的基本素质之一就是自学能力，但是学校的教学也不是不重要。当前社会是学习型和创新型社会，要想在激烈的竞争中取得成功，自学能力是必不可少的。

　　专业的选择是依据主观条件和客观条件的，主客观条件也制约着自学。因此，要能够对自身的条件进行正确地评估。例如，自身的基础知识、身体、经济情况、能力条件等，衡量自身的条件对自学的影响，最终对目标进行评估，只有这样才能正确选择专业。

　　对于主攻方向的确认需要根据自身的特长、爱好进行。爱好和特长对于人才的发展而言是非常大的优势。自学者的情况互不相同，选择的目标最好能够充分发挥自身的优势，原因在于人的主观能动性能够被自身的爱好和特长充分调动，就会有信心战胜遇到的困难，使自学者能够不断向前。

　　目标的实现是逐步进行的。确立好自学总目标后，梳理好知识体系的逻辑，并且结合自身的基础，将总目标的实现划分为由低到高的多个层次，逐一完成每个层次，最终实现总目标。需要注意的是，在制定自学计划的时候最好能够求教教师和朋友，使目标切实可行。

　　总而言之，成功地确立自学目标不是那么简单的，不仅要有指导思想，还要有实现它具体的步骤和方法，还要考虑自身的情况、客观条件等多方因素，最终找出适合自身的自学计划，实现自学目标。

2. 学会制订学习计划

　　要想时间的安排能够更加合理科学，一定要制定详细的学习计划。用时间来衡量人生命的长短，但是对人生价值的衡量是通过人的知识水平和对社会的贡献而言的。人要想获得更高的人生价值就要学会科学利用时间，人的生命是有限的，节省时间也就意味着延长了生命，生命和时间之间的联系是值得思考的。所以，对于每个人而言，要想学有所成就需要科学使用时间，制定详细的学习计划。

　　对于养成良好的学习习惯而言，制定详细的学习计划是非常有帮助的。按照学习计划进行学习，即可激发学习的热情，又可以磨练意志。现实生活中充满各种各样的问题和矛盾，在学习的过程中需要学习者去克服这些问题和困难，按照制定的计划进行学习，需要巨大的学习热情和坚强的意志。除此之外，自学计划一旦取得成功，自学者的学习热情就会被充分调动起来。

在自学的过程中，学习者通过学习计划进行自我管理。因此一定要结合自身情况来制定自学计划，制定学习计划时需要做到以下方面：

（1）针对不同的学科，制定的学习计划也有所不同，要参照自己的知识基础和爱好特长，对于有着良好基础且非常感兴趣的学科，消化理解是重点，对于那些兴趣不浓且枯燥乏味的学科，攻克难关是重点。

（2）要对不同学科的内在规律进行分析，根据自身的智力结构和知识基础来科学分配时间，确定学习的主攻方向，对学习的速度和先后顺序进行合理安排，使学习符合科学规律。

（3）学习的手段和措施要能够根据自身的优势特点选择学习的手段。无论采取的自学方法是什么，对知识的消化理解、独立的学习思考、实践运用能力的培养是最重要的。另外，由于计划都是按照正常情况制定的，所以，为了能够适应突然出现的各种因素，计划要具有一定的弹性，还需要制定相应的保障措施，使自学计划能够顺利完成。

3. 学会科学的读书方法

读书是最基本的学习方法，能够有效地学习前人已经获得的知识经验，不仅可以积累知识，读书的过程中也锻炼了解决和分析问题的能力，对于发展创新而言也是比较有效的方式。所以，要想能够自学成才需要掌握科学的读书方法。读书方法主要有下面九种：

（1）程序式读书法。读书是一个循序渐进的过程，是有一定步骤，看、读、问、背、习是程序式读书法的五个步骤。

看，即翻看。在自学的过程中，教材、参考资料是必不可少的。前言和目录是拿到书时首先要看的，对于整本书的内容有一个大概的了解。然后粗略翻看整本书，初步了解内容的难易程度，判断能否满足自学需求，尽快作出决定，避免误读。

读，即阅读、研读。确定好要阅读的书之后，对于全文要粗略浏览，对主要的论点有一个大致的了解，然后再仔细阅读，对内容进行思考，了解重点内容。在阅读时标记出问题和难点，把不理解的略过，先把整本书读完。之后再仔细阅读重点和难点，认真研究和思考，理解透彻。

问，即提问、质疑。在自学过程中要认真对待计划内的书，阅读要细致。遇到不懂的问题的时候要虚心请教他人，解决自己在阅读中产生的疑问。并且要认真研究和思考每一个重难点，分析比较本书中的论点与其他书中的论点以及自身储备的知识，了解其中的相同和不同之处，提出疑问，并且想办法解释疑问。

背，即背诵、记忆。对读书效果进行巩固最有效的方法就是背诵。古往今来的成功学者都比较善于使用这一方法。书中的知识可以通过背诵内化为自身头脑中的知识，不仅如此，通过对知识的再加工还可以形成知识创新，因此，背诵是学习程序中必不可少的。

习，即复习、温习。温故知新这一学习规律是学习者在学习过程中都要遵守的。书读百遍其义自见讲的就是温习知识的好处。在温习书本的过程中会进一步加深对知识的理解，记忆也得到进一步强化，最终可以更加熟练地掌握知识。

（2）框架式读书法。虽然学科是不同的，但是学科间的内在逻辑是有联系的，具有一定的框架结构。因此，在读书的过程中一边阅读，一边将知识放在相应的结构框架内，这样可以对知识更加深入理解，强化记忆，并且逻辑思路更加清晰，这就是框架式读书法。

（3）博览式读书法。博览式读书法就是要博览群书，不只看一家之言，多方面吸取知识，久而久之知识面会非常宽广，知识也会博大精深。

（4）出入式读书法。出入式读书法讲究读书的时候能够深入进去，思考的时候又能够跳脱出来，吸收书本内容的要精，并且做到心领神会。

（5）体系读书法。体系读书法指的是对书的基本体系有一个整体的把握，进而进行分析整理，并且阅读时候要做札记。

（6）专题读书法。专题读书法指的是根据已经明确的研究方向，结合自身需求进行专题读书。专题读书会对这一方法的认识比较全面和深刻。

（7）标记读书法。一边读书一边做标记，这种读书方法比较便于记忆，方便查找。不动笔墨不读书，边读边记是很好的读书习惯，读书的同时将灵感、体会记录下来，方便之后进一步进行研究。

（8）协调读书法。协调读书法是协调各种心理活动，提升记忆和感知功能，充分发挥想象力，使读书达到更好的效果。

（9）创造性读书法。创造性读书法的目的就是再创造书本的内容。要带着批判思维去阅读，对于问题的分析要使用科学的思维，有选择性地吸收书本知识，经过理解加工进行再创新，这就是创造性读书的全过程。

4. 注重提高记忆力

人脑是通过记忆来存储知识的。人有着很大的记忆潜力，每个人都可以拥有良好的记忆，只要掌握记忆的方法，就能够拥有丰富的知识。

记住知识之后要做到不遗忘。每个人都会产生遗忘这种心理现象，遗忘是有一定规律的：开始会比较快，之后越来越慢。根据遗忘和记忆的规律再结合自身的情况，使用适合自己的记忆方法，记忆能力会得到很大的提升，记忆的精确度和速度也会提升，并且记忆时间更加长久。

（1）系统记忆法。分散的知识难以记忆容易遗忘，最好的方法是将知识系统化整合起来，这样就容易记忆且记忆深刻。科学知识是具有系统性的，将事物间的内在联系整合形成一个系统，这就是系统记忆法需要做的，通过这样的方式可以将知识连成一串，记忆起来更加方便有逻辑。

（2）联想记忆法。联想是记忆的基础，在记忆的过程中，联想也是比较好的方式，可以通过以下三种联想方式来进行联想记忆：

第一，接近联想。在空间和时间上有些事物是非常接近的，在头脑中比较容易进行联想。例如，当人们看到水库的时候就会联想到水力发电，看到太阳的时候可以想到太阳能等，通过这种联想可以强化记忆。

第二，对比联想。客观事物都有对立的一面，例如善与恶、黑与白，想到其中一面就容易在脑子中联想到另外一面。因此，在学习日语的时候，可以联系反义词，加强记忆。

第三，类比联想。客观事物会存在一些类似的地方。对于这些类似事物的记忆，可先进行分类，再进行比较，这样就比较容易记忆，在分类比较的过程中也强化了记忆。

（3）交替记忆法。记忆的时候要注意张弛有度，交替进行，学习和休息之间要互相交替进行。让大脑得到休息，学习效果才能更加明显。

（4）协同记忆法。在学习的时候充分协调眼睛、嘴巴、心和耳朵，形成听觉、视觉、声音、形象等多种系统，对大脑进行刺激，就会提升记忆的效果，这就是协同记忆法。读书的时候需要眼到、口到、心到，这是朱熹提出来的，眼、口、心缺一不可。其中"心"是注意力的基础，集中注意力，协同口读眼看，才能达到记忆的效果。

（5）浓缩记忆法。世界上的事物不可能都记在脑子里，先要记住有价值的东西。因此，学习过程中，浓缩记忆法是非常重要的，指的是提取出所学知识的精华，深入本质，进行浓缩记忆。化繁就简是浓缩过程中需要做的，过滤简化知识，提升知识的概括性。

对于那种需要记忆很多内容，同时知识又比较深奥的地方适合使用浓缩记忆法，但对于那些非常简化的公式等是不适用的。在学习的过程中要灵活使用这些记忆方法，还要能够结合自身的情况创造出适合自己的记忆方法，提升学习效率。

5. 学会利用时间

在短暂时间里成才，怎样有效利用时间便成为创新性学习的关键环节。

（1）提高时间利用效率。人在不同时间、不同时期其效率也是不同的。而这就是一个怎样使用最佳时间的问题。人的一生中有一段年龄区是心力和思想最充足、最活跃以及最益于创造的时期，即最佳时区。在一天当中人精力最旺盛、工作效率最高的时间即最佳时间。例如，大海的潮水是有涨潮及退潮的，就比喻人的活动能力是在一天 24 小时之内，一直有次序的是每天的高潮与低潮。另外这个次序能划分为三种类型：①晚型。对于这种人而言只要到晚间其脑内细胞将转入兴奋状况，并有着非常高的效率，但是入睡要到深夜。②早型。效率非常高的时候是早上与白天。③混合型。对于这种人而言工作效率与思维活动会起伏不定。另外早型的长处是和生活以及工作不冲突，对身体健康影响较小，短处是早晨能够使用的时间短，之所以让早型者将时间合理安排，是因为上午是工作时间，无法用来学习。此外晚型的长处是能够有很多时间自由安排，对于写作而言特别有益。短处是晚上开车之后，而白天会疲劳，从而影响学习与工作，这样长期下去会让身体受到影响，所以最佳的是在深夜两点之前。在特殊时期，能够将晚型转换成早型，方法是晚上提早入睡，早上就会及时起床，跑步到出汗，接着饮一杯热茶，长此以往连续两个月，就能够将晚型转换成早型。为了事半功倍，就需要在最佳时间做很主要的事。之所以学习要汇集在高效时间内，是因为学习与时间的效果是成正比的，学习时间通常是在 5 小时之内，5 小时之后时间越长其效果越差。

（2）保持时间的弹性。时间运筹的主要内容就是怎样将时间进行支配。为此有三类方法可以维持弹性：

第一，劳逸结合法。实行有间隙的是：体力劳动、读书、探讨以及工作与休息。倘若持续工作的时间很长，那么会丢失头脑的独创性及清醒，变得呆板、笨拙以及阻塞智力，所以需要进行体育锻炼才能有效避免这些问题。另外将人脑的血管接起来其长度可以有120 公里，因此长时间用脑，就会造成大脑供氧不够，从而导致思维能力下降，所以适量的锻炼，才能将氧气补足，继而让思维敏锐以及头脑变得清醒。

第二，优势游走法。对大脑而言，只要有一功能活动占据优势地位，那么其他区就会位于休息状况，这是因其受到了压制。其中又有四种方式：一是"读—算"式，为了让阅读区休息就使用计算功能的活动将其压制；二是"写—听"式，对于书写区的疲倦可以使用听觉区的活动来进行消除；三是"思—读"式，对于思维区的紧张可以使用阅读区的活动来进行迁移；四是纵横式，对于不同的学习内容进行更换，这样不仅能够减少脑力的紧张，还可以让脑力活动维持非常高的水平。

第三，功能协同法。对于学习而言必须将手到、眼到及心到办到。然而人们经常有这样一种感受，如果仅使用一种方式读书，只要时间一长，就会无精打采。假设将三法同用，使它们共同作战，就会让倦意消失，集中注意。在阅读时，对其进行编歌诀、加眉批以及做笔记，同时学习外语时，为了效果更好让阅读与朗诵相互合作。

只要在支配上区分轻重、缓急以及主次，就可以维持时间的弹性。然而在学习时，其重要的是读书，仅能为辅的是体育活动。对于时间而言，多点安排阅读学习中的书，少点阅读插进来的参考书。所以，总而言之需要因地制宜，需要对时间进行最妥善的划分。

（3）利用零星时间。人们在平常的生活上所说的没时间其实就是没整块的时间，零碎时间则是时时存在的，并且是大量的。关于零散时间的强调，是因人们在进入工作岗位后很难使用整块的时间来进行学习。将时间切分成零块的碎片，要见缝插针地学习滴水成河、积少成多。

对于零星时间的使用方式有三种：①嵌入式。将充实的内容添进到空白的零星时间当中。人从某种活动转进到另一种活动中，中间会有一小段时间的空白留下。②并列式。在某项松散活动期间，同时进行另一种活动。③压缩式。延长某一种活动时间，把零星时间压缩到最低限度。

6. 突破学习中的"瓶颈效应"

具备显著的累积效应就是创新性学习。当大脑中存储的知识较为有限时，通过着手重要的事务，能够让人体验到一种轻松的成就感和前进的动力。之所以有瓶颈效应出现，是因学习在一直加深，而对于显著的前进感而言，知识的点滴累积已经不能让其出现了，这是在大脑所存储的知识量很大的时候。由于知识学习进入到特定的程度，或者已经掌握日语学科的初阶的基本知识，想深入精研，就会让大脑有疲劳的感觉，继而发觉学习困难、进步速度缓慢以及学习效率下降，而这种情况位于"停滞或半停滞"，即使天天都在努力研究而成效却很小。这就体现了学习当中的"瓶颈效应"。由于学习的发展会让大脑当中所存储的知识量增多，而让人出现显著的进步感是在知识总量基数很小的时候。另外，明显的进步感很难产生，就算知识的增幅很大，学习中的"高原反应"体现得特别显著的是学习外语。不仅要加强原有的学习成就，还要增加知识及新信息当中的使用与联系方式，会觉得精力不足，这是学习的进一步发展阶段。大脑在关于知识心理拓展的无限性和知识信息整合、加工能力上的有限性，以及编码的生理心理机制当中的矛盾是"瓶颈效应"的本质。

初步掌控阶段即入门阶段、"瓶颈效应"阶段以及超越创新阶段是学习发展过程划分的三阶段。通常而言相对较轻松的是入门阶段，"瓶颈效应"产生是在学习进入到一定的层次时，故此对其进行很大的突破十分困难。之所以"瓶颈效应"通常让人出现急躁情绪与消极心理，以及动摇产生失败，这是因为对于学习的生理心理机制人们认识不够。而从实际上而言，学习与创新的重要阶段就是"瓶颈效应"阶段，只要将这一阶段冲破，就可以顺利进入创新超越阶段。

（1）寻求比较优势。有人能够早而快的发觉最佳才能、有人却迟而慢的发觉最佳才能，因为人们的最佳才能不一样，因而发现最佳才能的时间就会长短各异。倘若察觉自己的主攻方向和最佳才能不相同，那么就必须及时调转及安排主攻方向，从而树立最佳目标。此外有限的是人的精力以及可供使用的时间，所以一定要依据自己的学习特长、最佳才能以及知识结构，继而明确适合自身发展需求的最佳学习目标。

（2）激活知识潜能。学习的目的在于创新，即创造性运用，而不是单纯为了把知识"记住"，在钻研某一学科时，如果有关的书读得很熟，但当解决问题或运用于创新实践时，却感到知识储备不足或不能灵活运用，就应补充相关学科知识、了解相关信息以激活所学知识，在创新思维中解决各种难题为了使自己的知识结构具有攻克难关、高效创新的潜能，必须适时序化和整理所学知识，积极进行预测和反馈，及时进行学习的动态调整，不断掌握新知识、新信息，培育激活知识的能力，为突破学习中的"瓶颈效应"奠定坚实的知识基础。

（3）克服心智低迷。在学习中要擅长营造心智的最佳创造状态，这样就能有助于提升学习的质量。然而在大脑觉得疲惫、效率不高以及思维停滞时，就需要准时由"学习频道"调换到休息娱乐的频道上，让身心得到调剂。可以用多种轻松愉快的方式，例如对影视报翻一翻，对自己喜欢的世界名曲听一段，以及看看室外风景，并进行适量的体育活动或者到公园散散步。给大脑营造心智最佳状态，打破学习中"瓶颈效应"。

（4）保持知识贯通。旧知识影响着新知识及迁移，正迁移发挥着推进作用的影响，负迁移则与之相反。就像学日语时，体现得特别鲜明的负迁移作用是汉语字形对于学日语的影响，哪怕汉字的字形和日语的片假名及平假名的字形非常相像，而发音与字形也有着天差地别，此时在学习中通常会以汉字的含义来断章取义，从而产生一知半见的局面。为了防止负迁移的不好影响，就要辩证创新的使用所学知识，对于打破"瓶颈效应"有利的是克制知识的负迁移作用。

（5）消除方法障碍。超越前人以及接力创新，但不是简单模仿以及复制再造，其实质是后来者居上，这就是学习的最高境界。在集思广益的根基上，在接力创新之前，先是要掌握前人知识创新及学习方式的先进地方，把不足的地方进行分析处理，继而依据自己对知识以及思维方式所掌控的程度，再探究更科学和更先进的创新方式。另外打破学习中的"瓶颈效应"要使用充满活力的创新思维以及灵活的接力方法，因此知识创新与知识拓展能够在创造性学习当中一同完成。

在当今全球化和信息化的影响下，人们常常面临工作环境中的挑战和竞争，这些因素促使工作环境发生变化。然而新的工作和新的环境需求通常会扰乱原有的井井有条的学习时间及规律，需要人们擅长营造新的学习次序，探究新的时间运筹规律以及高效学习规律，这是对于新的知识环境以及新的信息环境而言。此时有利于快速打破学习当中的"瓶颈效应"，并赢得知识创新竞争当中的领先。

二、创新型学习观念

此处的创新型学习观念，主要指面向未来的学习观。人们在学习过程中对于学习产生的了解或见解即学习观。而在传统的学习方法当中占据主导地位的就是维持性学习，是经过学习获取之前已经树立的方法、原则及看法，并且用来应对反复发生或者已知的状况。另外维持性学习不需要思考未来的需求，因为它是面对现今乃至过去的。此外对于这种学习而言，有一个非常大的特点：它觉得一般智慧都是起源于过去，所以它的课程设计或学习内容，不是基于人类社会发展的要求，也不是基于将来的掌握，而是基于人们要求将哪种技能把握和认知用于升学就业的要求上。长此以往人们就会觉得学习就是这样，并以为是理当如此的，对于学习的了解具有非常强的维持性色彩就是此种学习观带来的。

但是在当今世界里，由于全球问题体现出对人类的挑战，使人类的学习也面临着严峻的挑战。处于此种状况之下，倘若人们依然具备传统的学习观，依然限制于学校内部的学习活动，依然觉得学习是被动的，而且还是给已知反复的情境做准备，会让人类进入更大的危机。所以一定要将这种陈旧的、传统的学习观舍弃，从而建立新的可以与人类发展需求相适应的学习观。

（一）树立开放式的学习观

开放式学习观的内涵为：认可所有学习的作用与价值。而这不是降低学校里学习的含义和作用，它认为人们根本的学习路径依然是学习教育，这是一种正式且有效的方法，然而它期望学生在学习当中可以将人们生活经验的每个方面都囊括在内。与之相反的是在学校里学习不是独一的方式，仅仅是学习的一种主要方式而已。现代以及将来的社会当中，学习务必随地随时地进行，同时学习务必经过各种路径及借助各种方式来进行，为此终身学习成为所有人的必要。这不仅是面对未来挑战的一种有效措施，同样是社会发展的需求。倘若"学习"是一种方式，则是生活和获取知识的一种方式；倘若于它而言是一个过程，则是随时为应对新的局势而做好准备的过程。

（二）树立自主性学习观

首先，全部的学习活动都应当在学习者主动要求的根本上设立，这就是它所强调的。此外它对于学习的需求及影响是需要所有的外在，而其目的是启发学习者内在的学习需求，同时让学习者在学习的过程当中掌握主动地位。其次，对于学习活动而言，理当在不停地摸索中进行，另外学习者自觉性的有力体现以及学习新知识的有效方式都是探索。坚决反对将学习者看作装知识的容器理论，以及灌入的学习方法。这样会压制甚至抹杀学习者对于学习的热情与创造才能。最后，对于学习者而言，个人发展中的强大作用是学习的自主性。换言之，学习者学习自主性的积极含义不仅仅局限在学习活动中，更存在于文化提升中，从而影响其他方面的发展。

（三）树立创新性学习观

对于创新性学习而言，其出发点是解决未来的或即将发生的问题，而不是解决已经发生的问题。两个关键的特征就是创新学习所具有的：①"预期性"，指与要求的事件符合、事件完成的方向，以及审视潜在危险性或者不需要的事件，创造新的选择就是预期性的本质。换而言之，人们面对新状况的能力发展就是预期性学习。总而言之，创新学习强调面对将来的要求，目的就是处理未来事件，这就是所说的预期性，与它有着根本不同的就是传统的维持性学习。②"参与性"。创新学习的"参与性"就是其另一个特征。对于学习者在社会生活和学习当中的主动性的强调就是"参与性"。因此对于个人和社会而言，前者的学习是经过参加社会实践，互相作用的形式，而后者的发展是经过个人及团体参加社会活动的形式。因此一个人对社会活动的有效参加程度即权衡他创新性学习潜力的一个主要尺度，同时取决于学习的必要的东西，并且还需将创造的新技术、观念、方法以及新的知识运用于学习过程当中。

所以到此就能察觉一个开放式的学习观即新的学习观，和传统学习观有所差异。然而对于它而言，把人类全部知识的价值都认可，却对现有的知识不满足；新的学习观强调学习的自主性，反对学习问题上的所有逼迫及灌注行为。此外面向未来的学习观就是新的学习观，而它认为人类的全部学习活动都理当强调对未来未知的事件办理并做准备活动。由于将学习这个观念提升至一个让人瞩目的高度，继而强调在人们学习活动中的地位，并认可自学应该具备的价值，对于自学而言，既是主要构成部分，也是在人们学习活动中不可或缺的方式。

三、创新思维与创新型日语学习观的联系

创新思维与创新型日语学习观念有着密切的联系，它们共同促进了学习者在学习日语时的创造性思维和学习方式，有助于培养出更具创新力和适应力的日语学习者。

第一，创新思维激发创新学习。创新思维能够激发学习者在日语学习中尝试新的学习方法和策略，寻找创新的学习途径。学习者可以尝试不同的学习资源和工具，如多媒体教具、在线学习平台等，来丰富学习体验，从而更好地掌握日语知识和技能。

第二，创新型学习观念强调实践探索。创新型日语学习观念强调学生的主动参与和实践探索。学习者通过实际使用日语进行交流、阅读日语原版材料、参与角色扮演等活动，积极探索和应用所学知识，从而提高日语语言能力和沟通技巧。

第三，跨学科融合促进综合学习。创新思维鼓励跨学科的融合，而创新型日语学习观念强调综合学习。学习者在学习日语的过程中，可以将其他学科的知识和技能应用到日语学习中，如将音乐、艺术、历史等领域的内容与日语学习相结合，增加学习的趣味性和深度。

第四，团队合作促进交流与分享。创新型日语学习观念注重团队合作和合作学习。学习者可以在小组或团队中共同学习和练习，互相交流和分享学习心得，共同解决学习中的难题，从而激发学习的动力和创新意识。

第五，接受失败与持续改进。创新思维和创新型日语学习观念都鼓励学习者接受失败并持续改进。学习日语可能会遇到挑战和困难，学习者需要勇于面对挫折，并从中吸取教训，不断改进学习方法和策略。

综上所述，创新思维和创新型日语学习观念相辅相成，共同推动学习者在日语学习中发挥创新潜力，掌握更高效、多样化的学习方法，培养出积极进取的学习态度，从而在日语学习的过程中取得更好的成绩。

第三章 创新思维模式与日语教学的融合

第一节 创新思维模式在日语课堂中的路径

认知技能发生作用的启动需要学习者性格与情感的参与。在学习中，学习环境的愉快和轻松有利于学习者良好的自我形象和精神面貌的塑造。

一、以语感带动课堂活动技能

日语学习具有很强的实践性，需要听说读写共同参与。在日语实践中，外在情境影响着说话人对自身意图的准确表达，以及听话人在适应说话人语言习惯的基础上对叙述的准确领会。所以如果学生在学习时能够有一个和谐、宽松的语言表达环境，就能产生良好的学习效果。教师在设计语言环境时要将日语知识的传授与语言素质、交际能力的培养结合起来。例如，教师可以在使用语言的时融入手势、姿态、表情、动作以及语调，使表达更为生动，学生可以通过听音、看景和会意将音义联系起来，提升语言思维。联系与实际生活场景相关的会话时，可采用分角色扮演的方式，使学生有大胆表达、自主思考的充分空间，开创学生敢想、敢说、爱讲的局面。

在培养听说读写技能的过程中，语感的培养很重要。语言中词汇、语法、语篇以及语音语调是统一、不可分割的整体。学生培养语言能力不仅要靠推理语言规则，训练语言逻辑，还要在语言实践过程中形成语言直觉，这一直觉就是语感。语感的培养有助于学生学习的加速和对语言的创造性使用，具体而言口语可以通过大量的口语练习，写作可以通过练习写作小短文、小对话来达到目标；创造性的使用语言则要求学生语感的参与。语言实践形成了语感，而语感又对语言实践有重要作用。

二、通过思维训练培养学生想象力

在教学中，可以采取以下方法培养学生的想象力：

第一，自由对话或小话剧表演。学习对话时，除了让学生分角色扮演，练习对话，还可以让学生根据对话场景运用所学知识仿照一个新的对话。这种方式不仅可以使学生在语言学习中单纯地进行模仿，更能够习得语言思维，激发创造能力。

第二，看图说话。看图说话的方式有利于巩固学生所学到的知识，也能够拓展学生的发散性思维和想象力，增强语言表达能力。比如，让学生观察一幅一人在家中吃早饭的图片，然后让学生编一段话来叙述画的含义。

第三，对话接龙。让学生相互衔接地编对话。第一个学生先选择题目发挥，后一个学生在第一个学生说话内容的基础上进行发展延续，依此一个接一个地将对话进行下去。

第四，创设质疑情境，使学生不再机械地接受教师所讲的知识，而是主动地进行探索，发展个性和创新性。让学生学会质疑，不随意认同他人的观点，也不完全依赖于现成的答案和方法，要能够挑战固有思维，形成自己独立的判断、思考和见解。质疑精神鼓励学生打破思维定势，去除经验束缚，不受习惯制约，敢于挑战权威。这也有利于学生形成发散性思维，使其在理解的基础上学习。

三、开展小组合作以发散学生思维

小组合作的学习方式可以依次进行，教师设置一个问题情景，学生在独立思考、探究和实践后，将所得成果在小组内交流讨论，或通过一些小组活动的形式，合作学习。这种学习方式不仅能够给学生更多地使用语言表达观点的机会，亦可以使学生在交流中不断修正、完善自己的观点。除此之外，由于小组活动要求每个学生对课堂的参与，它能够在课堂上营造一个良好的互动氛围，这给了学生更多的学习自由，可以探讨自己感兴趣的题材，发挥学习中的自主性地位。

综上所述，语言课堂上的活动应当尽量以鼓励学生创造性思维为目的，这与启发性的教学原则相吻合，它能够激发学生强烈的学习热情，培养应变能力和想象力，促使学生更为灵活、广泛地思考问题，使学生逐渐具备独创的、变通的、流畅的、敏锐的思维方式，使学生敢于创新，有助于学生智力的发展。

第二节　日语教学实践与学生思维能力培养

"以培养创新精神和实践能力为重点的素质教育是当今教育改革的主旋律"[1]，当前，

---

[1]　谷苗. 浅谈职专日语专业技能的培养 [J]. 课程教育研究，2016（32）：99.

新一轮课程改革以培养学生创新能力为核心，力图使学生跳出课本框架，活学活用，培养出更有创造力、更聪明的学生。针对这一要求，日语教师要展开日语教学改革，在教学中解决创新能力培养的问题。

一、日语教学倡导合作互动，活化教材

针对教育对象，倡导教育对象的合作互动、活化教材，是拓展创新思维空间的有效方式之一。图文信息是静态的，教师要使它们动起来，鼓励学生发挥想象力以再现情景，增大课堂信息的丰富度，提升课堂的趣味性，这样会使教学效率得到提升，使学生的创新思维得到拓展。也可以采用小组合作的方式，把学生分成若干小组，根据课文内容学生在教师的指导下对情境进行模拟。

另外，日语教学实践中，利用情景模拟的方式，教师要鼓励学生在课文基础上发挥创造性，大胆创造，这样通过情景演示，学生既能更加熟悉课本上的知识点又能对自身的语言思维和创造思维进行培养。同时，学生自编对话，自己展示，能使他们在众人面前敢于开口表达，这对学生语言实践能力的获得有积极作用。

二、日语教学需要立足"学用相结合"

日语教学实践中，教师的正确引导有利于学生对基础知识的掌握，而教师对科学的学习方法的传授更有利于提升学生的学习能力。在学生开始学习日语时，语言基础较差，需要教师精心地设置针对学生水平的学案，学生要在每个单元课文的学习中将自学探究、合作学习和运用创新各环节结合起来。学生在教师的点拨下进行探究，通过自学和合作两种手段掌握知识，再进行运用和创新。教师再选择重点的词汇和句型编写练习，使学生得以对所学的知识进行巩固，真正将语言知识转化为语言能力，这种学习方式，并不会减少学生的学习内容，反而会让学生能够活学活用。学生能够在教师的指导下达到语言学习目标，教师通过教学和引导，鼓励学生发现、提出、解决问题，养成积极思考的习惯，这种方式对提升学生的自学能力和日语应用能力有相当显著的效果。

三、日语教学启发学生发散思维能力

增进创新思维的深度需要启发学生的发散思维能力，鼓励标新立异。教师在教学过程中，可以为学生设置多方位、多角度的思考题，使学生的联想、逆向、类比、横向等思维得以发展。学生不仅要掌握课本上的内容，还要能够根据所学知识进行深一步的探索和创造，同时在此过程中培养创新能力和创新思维。在学习课文时，教师可以根据教材设置问

题，引导学生对于课本内容进行更深层次的挖掘，让学生从不同角度进行思考，以训练学生的思维能力。

随着越来越多的日资企业在中国的出现，掀起了学习日语的热潮，为实现日语人才培养目标，深化教学改革，教学过程就变得越发关键。在日语教学中要培养学生的创新思维能力，激发他们的学习兴趣，尽快让他们形成自主自觉学习的习惯，使培养出来的学生不仅能够掌握所学的知识，还能掌握学习知识的方法，学以致用，学能活用。对大学生的日语教学来说，应改变语言学习枯燥乏味的学习状态和应试教育中死记硬背的习惯，增加知识的运用性，切实提高学生的综合素质，让学生走出校园就可以游刃有余地运用所学知识投身于工作当中。

第三节　创新教育与日语教学的综合实践

创新教育最根本的理论依据是创新理论，这与深化教育改革的现实需要相搭配。开展日语教学也要和时代相吻合，要创建新的教学模式，摸索新的教学方法。课堂日语教学工作也要紧跟时代步伐。社会不断前进，环境也在不断发生着变化，日语教学的趋势也有着不一样的特征，课堂日语教学工作要适应新形式的发展，要积极回答这一过程中产生的问题，要很好的解决这一切，需要在课堂日语教学的经验与成果上进行不断创新。不进行创新，一直停留在以前的教学思维和形式上，日语教学的效果就会微乎其微。

一、创新教育的基本特征

针对创新教育的目的而言，激发学生的创造兴趣，让学生的创造过程得以展示，创造才能不断提升，这就是创新教育的目的所在。究其内在含义，它指教师借助课堂所教授的知识以及所开展的有计划的教学活动，来刺激提升学生创造行为的一种全新的教学形式。对教师而言，创新教育需要教师因材施教，改变传统的教学形式，开展具有创造性的思维教学模式。

在创新化进程进行时，创新教育的特点被完全展示出来，针对这些特征进行仔细透彻的分析对创新教育的前进有很强的促进作用。

第一，教育主体的个性。通过创造心理学认为，所有人都有一定的创造欲望，所有人都具备创造性。每个人的个性都有所差异。教育一定要认可这种区别，同时给予所有人操作的权利与机会，让大家进行选择，找到自己擅长的领域进行发展，通过自身独立的理解与长处进行创造、进行跨越、进行突破。

第二，师生关系的民主化。针对教师而言，如果不知道平等和及尊重就不会知道怎样去关爱学生。人类社会向往公正、平等、民主以及自由。教育一定要根据目的创建一种互相体谅，互相尊重，由"客体"转变为"主体"的教授方式，学生只有自信积极，才能做到不"唯上"，勇于将自我的观点表达出来，将自己的疑问表达出来；这样才能够生动灵活，主动积极，将热烈的求知欲以及旺盛的创造力展示出来。

第三，教学评价的科学化。教学评价的科学化将个性的重视程度作为指导性标准，由重视共性向重视个性转变，由知识考查向综合能力测评转变，由注重结果评价向重视过程评价转变。学校教育中包含教学评价，它的最终目标是为教学服务。但是现实环境中教学评价系统却产生了严峻的改变以及扭曲。首先，教学评价将考试作为最终向往的目的；其次，教师将考试结果作为训斥学生、不尊重学生、差异化对待学生的借口；在考试过程中，学生逐渐改变了以前的发展方向，抛弃了自己的爱好与长处，将时间和精力浪费在"书山题海"里，在寻找答案的进程中将自己的灵气和智慧慢慢消耗掉。

总而言之，科学评价就是要由重视共性向重视个性转变。人类的创造力不单能在科研中得以展示，它在教育、商业、文艺、管理、戏曲、体育以及组织等众多领域都有不俗表现。人们要将对个性的尊重作为评价内容的重中之重，同时也要将其作为进行评价制度改革的指引性标准。除此之外，要由沉重的知识领域的考评向对普通能力考评方向转变，由重视结构评价向重视过程评价转变。

第四，教育方法多样化以及教学手段现代化。教学方式多样化是针对不一样的科目、不一样的学生、不一样的教学信息，要运用不同的教学形式进行搭配，以使学生的智力得到真实的进步，它重视启发性教学。伴随互联网的不断进步，现实生活环境的快速发展，进行创新教育时一定要运用和时代发展相吻合的全新教学形式，例如，使用电脑与多媒体，对形象的动态以及知识进行统一化构建，借此刺激学生的爱好以及创新思维，让学生的动手能力得以提升，进而锻炼学生的实践水平以及创新素养。

二、创新教育在日语教学中的应用

"素质教育是以培养学生的创新精神和实践能力为重点"[①]。创新素质教育的中心是实践性技能以及创造性思维能力锻炼。对日语教学而言，以前普通的教学形式是教师在课堂上长篇累牍地讲解语法和词汇，学生被动地接受教师的传导。学生的积极性和主动性发挥

---

① 樊玲. 立足德育教育创新素质教育 [J]. 百科论坛电子杂志，2020 (5)：819.

不出来，对于创新以及能力的锻炼也无从谈起。因此怎样在日语教育的进程中开拓学生思想的宽度，让知识的教导以及全面素质的锻炼相互搭配、一起进步，就非常重要。

（一）创新教育的根本：树立正确的学生观

教师在课堂教学时一定要建立起积极准确的学习观念，做到因材施教，实现优秀学生能够获得更多的养分，中等偏下的学生能够切实学习到有用的知识，让所有学生都能够积极加入进来，展开积极竞争，营造一个"个体带团队，团队带一人"的学习氛围，让所有学生都能够有所提升。

（二）创新教育的动机：创设课堂教学气氛

微笑可以让师生关系变得融洽，微笑也是教师转变态度的首要环节。"点头"，表达出来的意思是对对方的一种接受，这是一种认可，是一种鼓舞，它可以让对方将自己的观点不断表达出来。学生观察到教师对自己点头时经常会大喜过望，对教师感到亲切。"专心"是一种比较用心的行为。教师借助手势和眼神以及行动与恰当的语言等形式，聚精会神地和学生进行交流。通过用心的动作，学生可以将自己的思想及理念展示出来，这也是教师尊重学生的一个重要表现。"听他说"讲的是聆听，除通过耳朵听取学生的语言之外，还要通过眼睛观察学生的身体语言。"听"这种形式也是一种全新的解决问题的办法，在大家相互交流时候有巨大的作用。通过听能够缓解紧张的情绪，无论脾气多么暴躁或是多么激烈的场景，当一方在静静用心聆听时，气氛都会缓解下来。

（三）创新教育的动力：培养参与意识及协作精神

教学时，要将教师的指引作用以及学生的主体作用完全表达出来。

第一，给予学生充分参与教学的机会，持续刺激与指引学生的学习爱好，给学生供给充足的思维与创造空间与时间。

第二，增强课堂交流，不断增强学生的创新思维以及竞争思维，锻炼学生寻找问题以及解决难题的技能。

第三，在课堂上演示日语游戏，随着游戏的运行，学生的想象力和参与意识也得以锻炼。在进行课堂日语教学时，不仅可以传授给学生知识，锻炼他们的能力，还可以增强教师和学生之间以及学生和学生之间的情感，促进信息的交流。

（四）创新教育的对策：设疑布阵以激发求知

进行教学时，教师要善于指引学生在没有问题的地方寻找问题，要将激情发挥出来，下意识地锻炼学生寻找问题的技能。教师可以有意识地构建一系列相似问题，让学生按照教师的指引慢慢深入其中，实现豁然开朗、举一反三的效果，也能让学生根据教师的指引自己主动寻找、分析，同时得到结果，这就需要教师：①指引学生时常转变角色看待问题，多提出疑问，这样学生就可以从多方面分析不同之处；②指引学生展开想象，针对学生开展发散性思维练习；③可以协助学生整理、汇总、寻找新的难题。

（五）创新教育的关键：重视学法指导以培养自学能力

优化教育的重要准则是教授学生学习方法，因此指引学生找到合理的学习方法，锻炼科学的学习习惯以及自学技巧，刺激学生学习的主动性是创新教育的核心。锻炼学生自学技能的方法有：日语知识抢答、创建日语角、举行日语演唱比赛等。借助多种方法可以使学生主动思考、行动。让学生在这个过程中感受到启示和鼓舞，引发想象，增强创造动能，锻炼以及增强创新技能。

〈第四章〉 日语教育教学中的核心体系解读

第一节　日语教育教学中的主体解读

一、日语教育教学中学生的国际化素养

(一) 学生国际化素养提升的影响因素

在学生的成长过程中，家庭承担着身心素质教育的重担，学校也在文化教育和思想教育方面发挥着不可替代的作用，两者皆对学生的思想形成及人格塑造产生了重要影响。

第一，家庭因素。父母对孩子的思想形成有决定性的影响。家庭氛围是一个抽象的概念，"是指家庭环境中的家庭成员通过相互影响和制约形成的一种环境、情感氛围，这是一种潜移默化的教育因素，其对一个人的影响是全方位的"[①]。因此，需要将父母的国际化思维情况作为一个重要指标，进一步分析学生国际化素养情况的影响因素。

第二，学校因素。学校是学生成长过程中的第二大主要阵地。学校的课程设置、教学制度改革、文化活动的举办都可以看出学校向国际化发展的趋势。关于学生是否真切地感受到其所在学校的国际化氛围，是否受到"教育国际化"的影响，都在一定程度上影响日语专业学生的国际化素养。

(二) 学生国际化素养提升的具体对策

1. 培养学生自身的国际化思维

(1) 提升跨文化沟通能力，做无障碍的国际交流人员。日语专业学生应该在熟练运用日语的基础上，加强对其他国家文化、思维方式、礼仪等方面的理解。而这种理解需要学

---

① 陈芷悦，窦硕华.日语专业学生国际化素养提升研究 [J].科技资讯，2022，20（4）：170.

生自身产生"想了解""会理解"的意识。例如，结合自身的兴趣点，主动阅读相关书籍、浏览相关网站、观看影视片等，积累相关文化知识。在长时间文化知识积累的过程中，学生会形成"视角交融"的思维方式和"预判"的语境能力。在理解到位、沟通畅通无阻的基础上，让我国与其他国家的合作共赢成为现实。

（2）扩宽自身的国际化视野，做有高度的国际剖析人员。在学校的课程选择上，多选修国际公共课程，感受专业领域内高端科技的发展动向；在生活中，多与留学生或外教沟通交流，共同搭建国际交往的平台，从而实现信息交互；在课外，多参加跨文化交流活动和项目，进一步感受其他文化中所蕴含的不同发展理念；在平时，多关注"环球网"等综合国际资讯的网站、关注海外留学博主等，养成随时随地与"国际互联"的习惯。

（3）建立简单"国际化素养评估体系"，做国际化素养完善者。首先，将每天的国际化素养提升措施以日程时间表的形式列出；其次，以一定的时间跨度为单位，以完成度为衡量标准，对自身国际化素养提升程度进行评估。找到时间安排不合理、内容设置不全面的地方，从而发挥主观能动性，不断地调整和改善时间表，找到自己的最适方案，充分提升自己的国际化素养。

2. 提升学生所在学校的国际化程度

（1）搭建网上交流平台，共享教材资源。目前，"双一流"大学在国际课程设置、国际教学资源等方面均有明显优势。但是若从教育体系的根本来进行改革，实现地域性教育资源平等化，有一定难度。但在信息网络发达的今天，在某种程度上可以改善。例如，日语专业学生可以利用互联网，实现国内国外的教材资源共享，搭建网上国际交流平台。学校可以通过互联网，将该校的教材资源上传，在规定平台上大家可以共同进行阅览和讨论。并且，平台可以使多个国家的学生同时学习和探讨同一课题，充分地交流自己的学术意见。这样一来，本国日语专业学生既可以避免教学模式的根本性的改革带来的不适，又可以与日本当地学生进行沉浸式的课题探讨，充分了解到其他学校所关注的专业课题，并理解和学习当地学生的思维方式。

（2）提高教师的国际化素养水平，完善课程体系设置。学校可以通过派出本校教师前往各个国家进行访问交流、聘请国外优秀专家学者、引进国外学者先进的学术思想和教育理念等，来提升教师的国际化素养水平，从而更好地为学生国际化素养的培育服务。

此外，通过开设国际化课程，引进国际化实践项目等，在一定程度上也可开阔本校学生的国际化视野。例如，可以建议增加选修课的形式，日语专业学生提供法律、文学、传媒等专业知识，从而拓宽学生知识面和国际视野，提升学生的综合素养。这样，既可以完善课程体系设置，又可以提升学校的国际化程度和国际知名度，吸引更多的外国学生来本校学习，从而进一步增加学习国际化氛围"浓度"、满足学生同各国学生进行文化交往的需要。

总而言之，对日语专业学生而言，具备一定的国际化素养是必要的。但国际化素养的提升不是一劳永逸的，需要自我国际化视野的提高、家庭国际化氛围的构建、学校国际化程度的提高的共同作用。在这三方作用的合力下，习惯于传统教育模式的日语专业学生才可以在激烈的国际人才竞争中脱颖而出。

二、日语教育教学中教师的专业化成长

当前，日语教学一线出现了一系列与教师教学能力提升相关的问题。例如，在水平差异较大的学生群体中如何组织开展学习活动，教师如何促使学生对语言学习产生兴趣，如何维持学生的学习动机等，这些问题的产生是由于学生数量的增长，学生学习能力的差异性增大，学生来源趋于多样化，学生越来越希望将自身兴趣与学习内容结合起来等一系列日语学习的外在环境的变化。

就我国现状而言，由于经济全球化的影响和信息化进程的加快，我国日语学习外在环境的变化还体现在日语人才培养目标的变化，即以培养"复合型人才"取代培养"工具型人才"，更关注创新型人才的培养。鉴于新的人才培养目标和当今社会对日语人才的需要，日语教学不能再局限于语言知识的讲授，而应当致力于综合语言能力的全面提升。此外，为保障教学质量，还要求教师建立起教师与学生相互信任的平等的师生关系，这些问题出现于日语学习的课堂上，具有相当重要的现实性意义，这对日语教师的教学也提出了更高的要求，教师急需改变传统语言教学课堂中常用的传统教学法，要注重培养学生在学习中的主体性。

（一）日语教师的能力构成

日语教学能力是教师进行高效教学的核心能力。教学能力结构包括具体学科教学能力、一般教学能力和教学认知能力三种，具体由以下能力构成：

第一，认识能力。主要表现为敏锐的观察力、丰富的想象力、良好的记忆力，尤其是逻辑思维能力和创造性能力等。

第二，设计能力。主要表现为教学设计能力，包括确定教学目标、分析教材、选择与运用教学策略、实施教学评价等能力。

第三，传播能力。包括语言表达能力、非语言表达能力、运用现代教育技术能力等。

第四，组织能力。主要包括组织教学能力、组织学生进行各种课外活动的能力、组织

培养优秀学生集体的能力、开展思想教育的能力、协调内外部各方面教育力量的能力、组织管理自身活动的能力等。

第五，交往能力。主要包括在教育教学中的师生交往能力。

由此可见，对于教师这一职业的要求是综合的，不仅需要教师掌握相关学科的专业知识。在传统教学模式中，教师对知识的讲授占据了课堂教学的中心地位，但如果教师仅仅讲授知识，而没有其他活动用以培养学生的学习兴趣和学习能力，就难以取得理想的教学效果。而在新的以学生为主体、教师为主导的现代课堂教学模式中，对日语教师除讲授知识外的要求更加显著了。日常教学实践并不是简单机械的重复，而是具有不确定性和复杂性，教师提升教学能力没有固定的理论可循，而要在结合相关理论知识和日语学科学习规律的基础上，在教学实践中不断探索更好的教学方式，改进教学，坚持以学生为主体的教学模式，使教学活动取得更好效果。

（二）日语教师的成长路径

当前，创新人才培养已成为高等教育的重要目标，而实践教学正是培养学生具备创新精神和实践能力的重要环节，学生实践能力的高低在一定程度上取决于教师实践能力的高低。

1. 提高日语教师的实际能力

日语教学专业实际能力来自日语教学活动中，实际工作实践能力来自职场实践活动中，而科学研究实践能力来自具体的科学项目研究工作中。这三项能力必须是相辅相成、相互促进的。应该根据项目成员的实践能力构成的不同，对具体改革内容进行理论与实践研究。在厘清日语教师专业实践能力内涵的理论基础上，构建提升日语教师专业能力的保障机制和评价体系，以期达到取长补短，有的放矢地探索适应应用型高校日语专业发展所需的日语教学三大能力提升和整合方式。

（1）改革日语教学内容和教学模式，激励日语教师在实践中提高。高校教师对自身实践能力培养的重视不够、内在动力不足，这直接影响了其对这一研究目标的投入力度。唤起高校日语教师对提高自身实践能力的高度重视，变被动为主动，努力改革日语教学内容和教学模式，以期在教学实践中提高能力。

（2）改革培训制度。日语教师的师资培养机制不健全，日语教师与同行业学术交流以及到企业实践机会很少，严重阻碍日语教师实践能力的提升。必须改革培训制度，推动日语教师到企业、岗位中实践，为提升日语教师实践能力提供场所。

（3）改革日语教师团队结构，采用多种渠道引进日语教师。从企业引进人才可以避免实践知识的老化，使学校教学跟得上行业发展需要，还可以对实践能力较弱的日语教师进行技能培训，促进日语教师整体实践能力的提高。

（4）改革考核日语教师专业实践能力的内容和方法。当下对高校教师科研水平和教学理论水平的考核有一套相对完整健全的体系，但却缺少完备的对于教师教学实践能力的评价和考核体系。为了促进日语教师教学实践水平的提升，需要建立制度层面的行之有效的相关激励机制。

2. 提升日语教师的实践能力

日语教师实践能力发展途径的研究，应以新的视角和思维方向，在国际化视野下从日语教育教学实践能力、实际工作实践能力和科学研究实践能力三大方面多维度探索提高日语教师专业实践能力的途径，并在实践中给出具有操作意义的指导意见。现阶段的研究，虽然还不能完整严密地建构起日语教师团队整体实践能力提升的理论和实践体系，但对其一些重大现实问题的解决方略及其规律性的认识，无疑会对日语教师专业实践能力的提高，逐步实现科学化、规范化起到理论提升和实践推进作用。

（1）日语教师专业实践能力的内涵。当前，我国重视"实践能力"这一问题，实践能力是个体完成特定实践活动的水平和可能性。心理学将实践能力定义为保证个体顺利运用已有知识、技能去解决实际问题所必须具备的那些生理和心理特征，教育学给实践能力下定义是个体解决实际问题的能力。然而，随着高校应用型日语人才培养方案中对日语教师实践能力要求的提出，对日语教师专业实践能力的概念至今还没有一个准确的界定。

（2）构建日语教师专业实践能力的培养途径。目前，提高应用型高校日语教师的实践教学能力越来越受到人们的关注和重视。然而，如何有针对性、有的放矢地提高日语教师的实践教学能力，和如何构建日语教师实践教学能力的培养路径等方面的研究，仍处于学术层面的争论之中，急需一个对日语教师实践能力提升的系统方案。建议从五方面进行：①多渠道引进日语教师，实现日语教师团队结构多样化；②建立日语实习基地，"走出去"到企业、岗位进行实践锻炼；③"请进来"，邀请经验丰富的企业人士来校开讲座；④参与"大学生创新创业训练项目"，在实践中与学生共进步；⑤研发校本教材或教辅资料。

（3）建立提升日语教师实践能力的保障机制。日语教师实践能力的培养和提升是一个系统工程，为了保证该工程的顺利执行，必须建立相应的保障机制。运用保障机制激励日语专业教师加强实践能力修养，保持高校日语教师队伍的稳定，使日语专业实践能力培养的成果能够在高校发挥作用。

（4）建立提升日语教师专业实践能力的评价体系。国内一些高校已展开对日语教师实践能力指标体系的研究，但是与现实发展的结合也还有待进一步深化。因此，需要在国际化视野下对日语教师专业实践能力的内涵界定的基础上，结合日语教师在各阶段实践教学的表现和成效，构建一套较为合理的日语教师专业实践能力的评价体系。

第二节　日语教育教学中的内容分析

一、日语知识的教育教学

要想使语言发挥交际作用，除进行综合教学外，还要做好语音、词汇、语法的单项教学，因为这三个要素是构成语言的基础。本节以语言学关于语言知识结构的划分为依据，从语音教学、词汇教学、语法教学三个侧面介绍日语知识培养的教学策略。在具体教学活动中，语音、词汇、语法教学通常是以综合教学的形式出现，即每一节课都包含有这三方面知识教学的任务。课堂教学是以课文为中心，有目的有计划地分散安排语音、词汇、语法材料，这其中也贯穿了跨文化的教学内容。语音、词汇和语法教学策略，也要融合在综合性教学中，根据知识特点、学生特点、教材侧重进行适当选择。

（一）日语语音的教育教学

语音教学是外语教学的起始。各种语言都有其特殊的语音体系，对语音的研究从属于语言学领域。而语音教学过程是教育学和心理学的研究范畴，因为在语音教学中涉及一系列生理、心理方面的问题，如言语听觉、言语视觉、言语动觉等，还涉及其他影响语音教学效果的要素。根据中国学习者语音学习的心理特点和日语语音的本质特征，以及汉日语言中语音的差异，探讨语音教学方法是语音教学研究的重要课题。

1. 日语语音教育教学要点

（1）元音的发音。元音是语音的基础。日语中只有五个元音，但是这五个元音的发音几乎与汉语类似元音发音特点都有差别。语音教学的一个常见问题就是由于没有准确掌握元音的读音，从而导致学生学习"辅音加元音"的假名时产生音准模仿困难。

（2）发音时口型、舌位变化。日语语音的一个特点是元音的发音清晰，虽然受辅音影响，但元音性质明了，辅音发音时舌位变化不大，喉音较多。而人们受汉语中双元音的影响，在有些元音的发音上，口型变化过大。

（3）发音部位。日语发音和中文发音是不一样的，日语发声时，主要是用口腔的中间部分，不存在尖锐的纯尖音和后舌音。而在中文当中，出现了许多的儿化音，儿化音的发音部分都是在舌头靠后一点的位置，需要卷起舌尖，是属于卷舌音。在日语中，却没有儿化音。因此，这也是发音教学中需要注意的问题。

（4）元音无声化。在日语中存在元音不发出声音的现象，即元音无声化。例如，在一定的环境下，元音「i」「Ⅲ」就会出现无声的状况。一般情况下，元音的发声，都会产生生理声带上的震动，但是，有时候在生活当中，为了更加方便交流，元音「i」「Ⅲ」也会不需要声带的震动，仅仅只需要完成口型即可。和中文相比，轻声的发声特征和日语中的无声元音的发声存在差异。轻声的发声不是针对元音的轻声，事实上是在调型上发生改变，但是，在日语中能产生无声化元音，那是因为对元音发生了吞音这样的现象。因此两者是不同性质的发音。

（5）声调。声调大致有两大类型：高低型、强弱型。日语的声调是高低型，虽然它有强弱变化，但强弱之差很小，没有区别词义的作用。日语活用词在活用变化时声调变化比较复杂，并且各方言的声调亦不相同，教学仅以东京语声调为标准。日语的声调变化在假名与假名之间。除拗音外，每个假名各表示一个音拍。根据高音拍在单词或词组中所处的位置，可以把日语的声调分为四类，即平板型，头高型，中高型和尾高型。但是，这些调型并不对应于汉语的四种拼音声调，在单音节假名上不会发生调型的类似汉语四声调型的变化。指导学生掌握日语的平调发音也是教学的难点。

（6）浊音与拗音的发音。浊音教学的重点主要在于区分清音与浊音。拗音教学的重点在于严格区别拗音和直音（非拗音）。因此，在指导浊音与拗音的学习时，关键在于能够准确识别。

（7）促音的发音。日语促音的发音是用发音器官的某一部分堵住呼吸，形成短促的顿挫，然后放开堵塞，使气流急冲而出时发出的音。此外，日语促音的发音规则随着后续假名变化而变化，按照堵住呼气的部位有双唇促音、喉头促音、舌尖促音三种发音形式。对于母语中没有促音的中国学习者而言，掌握发音规律和技巧是比较困难的。因此，促音教学是语音教学的难点重点。

（8）拨音的发音。日语拨音一般只能作为后辅音加在其他假名后面，不能用作前辅音，也不能单独使用。一个假名加上拨音，发音时前面的假名元音要发得轻些，随即向拨音过渡，其间不可留有间隙，在语流中占两个音拍，这是拨音的发音方法。拨音的发音虽然与我国拼音的"-n""-ng"音比较接近，但是它的发音规则会随着后续假名的不同，共有五种发音变化。教学中要指导学生体会发音规律，不一定要死记硬背规则，能够准确模仿即可。

（9）音拍。日语假名是音节文字，基本上是一个假名代表一个音节，如清音、浊音、半浊音等。但也有两个假名组成一个音节，如促音、拗音、拨音、长音等。在连续发音时，每个假名的音长时间单位大致相等，这个单位时间叫作"拍"。音节与音拍在大多数场合是一致的。但也有音节与音拍不一致的场合，如促音、拨音、长音都是两音拍一音节的语音。日语发音中要严格遵守"拍"的规则，不可随意延长或缩短假名的发音。

（10）长音与短音的发音。日语中的长音也是一个特殊音，它不能单独构成音节，它与前面的音一起构成的日语的长音节。日语的长音在语流中占两个音拍。发长音要领是，当前一音节发音完毕，口形保持不变，继续元音的发音，音拍拉长一拍。

综上所述，在语音教学中需要注意的知识点很多，从语音能力培养方面，要在听说读写等方面进行语音技能训练。因此，遵循一定的教学指导方法，有助于语音教学取得好的效果。

2. 日语语音教育教学策略

语音的教学虽然属于知识体系，但是语音教学很重要的一个内容是要让学生掌握发音部位、气流、节拍等的发音要领，重在学生体验、感受，与概念、理解的相关性不大，属于运动技能性学习。就言语技能而言，语音学习主要涉及说、写、听三方面的技能。所以，教学中要注重对语音的认知或知觉、在知识结构内的联系形成和语音技能自动化三个方面能力的培养，这也是运动技能学习的三个阶段。

（1）发音教学过程中重视模仿。语音教学中的模仿又分为直接模仿和分析模仿两种。

第一，直接模仿。即不需要任何解释的模仿。模仿的材料可以是教师示范，也可以是录音机或录像带、语音教学软件等。指导模仿教学时，教师可以采用的教学方法有：①选择准确、清晰的发音模仿参照物，如录音带、唱片、录像带、发音部位指示图等；②创设安静的听音环境，要保证将影响听的干扰因素降低到最小；③指导学生事先准备好小镜子等道具，让他们观察发音时自我的口型变化，了解模仿发音时的口型、舌位是否准确；④在练习时借助于录音机等，录下学生的朗读或默读的发音，通过复听，帮助学生了解自己的语音与标准发音的差距；⑤在长短音发音训练时，特别是关于促音与拨音的发音节奏，可以参考学歌曲时的"击掌、打拍子"法，帮助学生体会日语的音拍节奏；⑥寻找错误发音，即通过课堂发音提问，让学生互相找出发音错误，以提高自我对正确语音的认识、感知，提高主动辨别语音的意识；⑦指导学生时要坚决杜绝用汉字去标示日语语音的发音。

第二，分析模仿。是将汉语中没有的、靠听难以分辨的语音，通过文字说明来介绍其发音规则，边讲解规则边模仿的教学方法。例如，促音、拨音的发音规则等。分析模仿主要从日语语音的特点和汉语与日语语音的差异出发，通过比较和分析以及对发音规则的分类记忆，增强学生发音的准确性，提高发音的自信心。

指导分析模仿教学时，教师可以采用以下教学方法：一方面，以准确发音为目标。分析模仿的目的是为了准确发音，所以不必要求学生记忆关于口型、舌位等的理论说明，只要能按照指示找准口型舌位，控制气流声带，尝试发音，并记住发这个音时的发音器官的运动方式即可。另一方面，提高学生练习分析模仿发音的自觉性。课堂教学中教师尽可能地兼顾到每个学生的发音情况，但是也有可能照顾不到，或者学生正确发音的稳定性还没形成，一会儿正确，一会儿有误，因此，教师要指导学生有自觉学习的意识，对照发音规则，反复练习。

（2）识记假名教学，重视认读、书写。日语假名数量多，不仅包括五十音图，还包括浊音、拨音、促音等。所以，在识记假名时，可以采取认读、书写训练等教学方法，提高学生对假名的熟悉程度，使语音教学的听、说、读、写等口语、笔语训练互相配合，互相促进，提高学生识记效果。在认读和书写练习时，教师要关注练习的技巧和形式。

第一，认读的指导。对认读进行训练时，不仅仅是对单独的假名进行练习，一般是采用行、段的方式进行训练，还采用单词、词语以及句子这样的方式来进行认读，目的是增加对假名的熟练度，在过程中一边发现错误一边进行改正。在学习的同时，还要注意对训练教程的选取，只有通过有效地学习，才能实现熟练掌握语音的目标。一是按程序练习认读。在不同的阶段，学习有不同的重点。感觉阶段是仔细听日语的发音，注意其口型的变换。在尝试阶段，就要大声地跟读、模仿。在熟悉阶段，就要把听、说、读、写全面综合地应用到生活场景中去。在辨别阶段，要对词汇和句子进行阅读时，能对假名进行快速反应，还要辨别一些相似发音。总结一下认读阶段，就是先学会听发音，再模仿发音，最后就是书写。二是利用教学软件练习认读。多媒体是语音教学的有效工具。目前我国公开出版发行的日语语音学习软件，集听、说、读、写为一体，既有听音测试，又有辨别选择性练习，可以作为教学辅助手段使用。三是指导互动式学习。互动式学习不仅指教师和学生间互动，还包括学生和学生间的互动，如同桌间的互相测试、互相纠错等。通过多种形式的互动练习，可以提高学生参与学习的积极性，创造良好的学习氛围，提高学习兴趣，还可以增加学生记忆内容的短时复现次数，加深记忆。四是利用教具学习。如假名卡片、单词卡片、挂图等。教师可以用纸板制作假名卡片，课堂上随意抽取卡片，组织学生快速认读，以提高学生对假名的熟练程度。

第二，书写的指导。在语音的书写指导上，可以采取如下的练习方式：抄写假名；抄写假名形式的单词或句子；分别按照"五十音图"的行和段默写假名；听写假名以及以假名形式的单词和句子。一是最初的书写练习最好是使用田字格本或大字描红本，尽可能让学生将假名书写得规范、整洁。二是在指导假名书写时，要从笔划入手教师要提示学生记忆并练习书写笔划，描红或者空中手指比划练习皆可。三是注意区分日语假名与汉语草书汉字。

第三，朗读指导。关于词汇或句子的练习，可以采用如下方式：朗读词汇或句子；就学习过的词汇或句子互相朗读问答；看卡片进行朗读回答训练等。一是提高速度。朗读是对假名的熟悉过程，如果朗读速度慢，思考的时间就长，因此在朗读时要有意识地督促学生提高速度，增强认读时的注意力，使神经处于高度兴奋状态。这会有效地提高熟练性。二是朗读日语绕口令。绕口令通常是由发音比较接近的假名构成的。朗读绕口令一方面可以增强对假名的熟悉程度；另一方面可以训练口腔内部运动器官对日语语音发音的熟练程度，提高语音感觉。三是把朗读训练和思维训练结合起来。通常语言的学习会影响思维能力，对这一能力的训练可以从语音开始。

（3）分辨语音的教学。听觉训练的目的首先是为了能准确地进行模仿，模仿完成后的听觉训练关键是辨别语音。辨音训练可以采用多种方式，朗读式辨音、听写式辨音、听说式辨音等。

第一，辨音训练的材料要形式多样。可以提供男、女、老、幼的发音让学生交替辨听，使学生逐渐适应不同音强、音高和音色的发音。

第二，有侧重地进行辨音练习。听觉训练要参考日语长短音、清浊音、促音与平音、拨音与非拨音的语音特点，适当选取练习题目。

第三，辨音训练与书写训练、朗读训练相结合。听觉能力训练可以结合知觉阶段的直接模仿训练和联系阶段的书写能力训练进行。

模仿，在语音的训练中是十分重要的一种方式。但是，在语音的学习过程中，还要注重理性地分析，再进行模仿。意思是在了解了语言规则的基础知识之上，再进行训练是有必要的。其优势也是很明显的，可以增加学生在发音过程中的自信心，可以引导学生进行课后的自我学习。在日语学习过程中，有些同学有很强的总结学习经验的能力，会很快地找到属于自己的学习方法，有较高的认知能力，独特的思维方式。所以，一味地采用模仿来进行机械地学习，会抑制学生的学习积极性。

（二）日语词汇的教育教学

语言的三要素是语音、语法和词汇。其中，词汇是组成语言的最小单位。对音、词和形进行研究，可以发现语音表达了词的内在含义，形是词在形式上的具体表现，由一些特定的文字符号所组成，是其表达意思的书面形式。

词汇在日语教学中所发挥的作用，说法目前还不统一。例如：①句子才是语言教学的最小单位，对日语的教学不能单独地将句子拆分为词汇；②语言是由词汇和语法组成的，对任何一种语言进行学习都必须积累词汇，只有积累大量的词汇，才能为语言的学习奠定坚实的基础。因此，词汇的学习在日语教学中十分重要。所以，对词汇的教学十分关键，也成为日语教学的难点所在，要正确地指导学生对词汇的记忆、理解以及应用。

1. 日语词汇教育教学要点

（1）词汇记忆。根据各阶段日语词汇教学目标，从词汇教学的数量上看，基础阶段大约为6000~8000个词汇，200左右的惯用词组，其中积极掌握量不少于一半；高级阶段接触15000~20000个词汇，500左右的惯用词组，其中积极掌握量不少于10000。从对词汇的掌握程度上看，要使学生掌握词汇的读音、意义、写法以及运用中的助词接续、词尾变化等，能够在说和写的训练中达到熟练、准确运用。从词汇的掌握范围看，要掌握读音、书写（包括日语当用汉字和假名），要能听懂并准确使用。那么人们面临的第一个困难就是词汇记忆的问题。记忆困难主要表现在：记忆不准确；遗忘率高，再现率低；记忆保持时间短。

（2）词义的准确识别。对词义概念的错误理解通常发生在三种情况下：第一，对汉字词义的误解；第二，对日语固有词汇的误解；第三，对外来语词汇的误解。

由于日语词汇中与汉语词汇同形异义、同形同义，以及词义基本相同而词义范围不同的词汇大量存在，很容易造成汉字词的概念错误。日语中有些固有词汇，其词义接近，译成汉语时难以分辨其语义的微妙差异，而在日语中却有着不同的词义范围和使用限制，不能误用。因此，准确掌握词汇概念也是词汇教学的难点所在。

（3）词义概念的正确掌握。词义除了指词所代表的概念，还有相关意义，包括内涵意义、语体意义、感情意义和搭配意义。词的相关意义也是词汇教学的范畴。认识词汇需要对词汇的属性、结构、语法功能、使用者等有一个明确的认识，否则，就难以准确运用词汇。不同的搭配中词义会相应地发生变化，一词多义也是词汇教学的要点之一。

（4）词汇音感的把握。词汇的教学不仅要解决"释义"的问题，还要解决"语感"的问题。这里所说的语感不是指每一个词在句中表达何种感情，而是学习者对于日语语言中的音感的掌握。指导学生有意识关注一些词汇的形成或发音规律，对于词汇记忆和词汇运用有重要意义。

2. 日语词汇教育教学策略

（1）揭示词义教学策略。有些日语词汇粗看上去与汉语字词的意义相同，而实际上日汉语词汇所表达意义的内涵和外延不同。正确理解词义的最有效的方法，就是根据词汇的特点，分别采用翻译、直观释义、构词分析、同义词、反义词、上下文等手段，对词义概念的内涵、外延充分掌握，从而把握词汇的准确意义。揭示词义教学策略如下：

第一，直观释义或对译。初级阶段日语教学适用直观释义或对译法揭示词汇意义。直观释义就是利用图片或演示事物来解释词汇意义。例如：对于寒暄语可以用图片演示或幻灯演示等，制造语境，以这种鲜明、形象的方式提高学生的学习兴趣，加深印象，增进记忆。对译就是将日语词汇翻译成汉语。例如「学校」对译成"学校"。具体方法为：①触景生情。指导学生有意识强化直观释义训练，观察身边事物，主动用日语词汇表达；②应用限制。建议在初级入门阶段采用直观释义和对译方法，当词汇掌握到一定数量就不要浪费时间去图示解意，要逐渐过渡到用日语揭示词义。因为随着所学的词汇抽象性增强，难以用图示来表现，硬要表现也难以达到第二信号转换的形成，所以对中高级的日语教学而言，最好谨慎采用此策略。

第二，日语释义。语言教学到一定程度，学生已经掌握一定的词汇量和语法规则后，教学中对词汇的释义要逐渐过渡到用日语去揭示词义的训练。一是工具书的运用。最初建议采用对词汇的解释比较简洁易懂的日文原版辞典，如《简明国语辞典》《为外国人编写的日语辞典》等。高级程度的日语词汇学习要使用逐渐提高难度水平和语言解释完整详细的工具书，建议采用《详解国语辞典》《新明解国语辞典》《广辞苑》等。二是对日语释义的认识。最初使用原文工具书时，通常会很慢，有的人认为耽误时间，所以就采取简单的办法——查找汉日辞典。这种查阅日语词汇释义的学习对于提高阅读理解能力、日语思维习惯以及日语语感的形成都有帮助，所以，一定要根据学习情况，尽量多采用日语释义策略。三是对释义内容的查找。有时在查找词汇时，由于不理解日语说明部分的词汇，造成误解的情况也有发生。因此，对于解词中出现的生词也要认真查找。目前一些电子词典已经包含了词语联查（不同词典对同一单词的注释）、追加查找注释中出现的生词追加查找）等功能，方便了学习者的学习。四是日语释义教学开始时间。通常在学习完第一、二册书以后，对于一些名词就可以采用日语释义策略教学。学习完第三、四册书以后，对于动词、副词、接续词也要开始采用这一策略。特别是在比较同义词、近义词时更是要反复对照日语注释和例句来体会。

第三，词源追溯。日语文字属于表意文字，词汇的生成有一定规律，教学中可以有意识介绍这些规律，帮助学生掌握和扩大词汇量。

追溯词源，即从词的中心意义出发讲解词汇，学生对多种汉语译法的词会产生感性上的认识，从而词汇的学习不仅仅是机械地记忆词的汉语意义，而是变成由感性到理性的学习，这样就可避免出现"中文式日语"的语言表现。

建议在中高级阶段的日语词汇学习中采用此法。因为如果没有一定的词汇知识积累很难做到追溯词源。

注意积累和总结。由于同一词根的词汇在辞典中通常排列顺序比较接近，在查找辞典时可以留心这些同根词，为以后的归类学习做准备。此外，教学中还要注意按照教材里词汇出现顺序归类词根，这样才符合学习规律。

词源追溯不是逢词便做，只是针对某些难以理解或记忆的词，通过词源追溯来帮助学生理解、记忆。

（2）记忆词汇教学策略。

第一，意向识记。意向识记指识记的效果受识记有无意向和意向状况的制约。简单地说就是做好记忆前的准备。通常有具体意向的识记效果高于笼统意向的识记。因此首先在记忆词汇之前要明确记忆目标、做好记忆计划：①明确记忆目标内容乃至于具体要采用的方法。②学生要主动地参与到学习中去，要对学习的内容有强烈的兴趣，要充分调动自己的学习积极性并有强大的自信心。③短时记忆，在一定时间内对词汇进行记忆，增加紧迫感。在日语课堂中，学生将要学习的词汇化整为零，形成一个个单独的小目标进行学习，第一次学习目标定为对词汇意义进行理解，第二次学习目标为对假名和当用汉字的学习，第三次学习目标为短语、相关词组的记忆，这样可以提高学习效率。通过积极训练，可以提高记忆效率。④在词汇记忆时要始终保持长远记忆这个目标，不是为了应付考试或临时的任务才去记忆。这样，才能记忆得更久远些。

第二，特征记忆。特征记忆是指通过对比、类比，指导学生感知词汇的特征所在，这是记忆词汇的第一道关口，把握不好则会印象模糊，记忆不清。首先，先整体后局部，再看细节。通过词汇的特征来记忆词汇，可以摆脱机械性重复记忆不能达到长时记忆的弊端，这对记忆音节较长的词汇尤为有效。其次，短语识记。教科书中讲解重点词汇通常是以例句提供语境，帮助学生理解词汇使用场合。但是，例句较长，虽然有了一定的语言环境，但是却增加了记忆的难度和学习的任务量。所以，通过短语、词组来学习新词，这样的学习方法很有效率，一方面可以达到对词汇进行理解的目标；另一方面也可以灵活地运用词汇。以动词的学习来举例说明，以日语中黏着语的日语依附助词这个特点为基础，可以依据这个动词所表达的意义来选择合适的短语搭配进行学习。需要注意的是，搭配时要选择典型的、易懂的、形象的短语来进行搭配。只有这样才能减轻学习难度，更加有效地对词汇进行记忆和理解。

第三，材料加工记忆。材料加工就是归类整理需要记忆的词汇，通过分组、重新组块，找出新旧词汇的内在联系或差异，加深学生对词汇的理解和记忆。首先，归类组织。按照词汇的特征或类别进行整理归类的记忆策略。这种记忆策略有助于学习者将新学到的知识与旧知识相互联系，构成一个整体，形成一种结构。按照心理学研究结果，在归类记忆时，分类水平越高，记忆效果越好。如果分成的组数和每组词汇的个数控制在短时记忆容量内的5~9个项目之间，更有利于记忆。按照归类策略记忆的词汇，回忆时浮现率较高，而且在归类过程中，思维能力也得到训练。在词汇教学中，教师可以通过对近义词、反义词、同义词的归类，开发学生思维，增进学生对词汇的记忆和理解。在词汇的归类记忆中，可以采用品词（词性）归类。其次，整体记忆与分组记忆。记忆音节较少的词汇，采用整体记忆的方法较好。一方面有助于正确理解词汇意义，另一方面也能复习旧知识，联系旧知识，形成新的认识，做到"温故而知新"。最后，组块记忆。为了扩大记忆内容的信息量，在日语教学到一定阶段时可以采用组块的方法，将所学知识中孤立的项目尽量连接成较大的"块"，组块的体积越大，能够记忆的内容越多。

利用日语同根词记忆词汇就是一个好的组块记忆法。根据短时记忆容量是7±2个组块的记忆理论，在材料的选择上要注意，按一次识记一般不要超过7个组块的原则去划分识记单元为最佳。

第四，感官协同记忆。感官记忆是学习外语的开端。视、听、触、嗅和味等各种感官都会作为信息存在于人的短期记忆当中。利用这种感官记忆，不仅可以有效地排斥外部环境的干扰，还可以更加高效地对学习日语进行刺激，增强记忆力。

一般而言，记忆信息大部分来自视觉，小部分来自听觉，更少的是靠触觉和嗅觉。单位时间内接受的信息量，单凭视觉是听觉的一倍，而视觉、听觉协同起来其作用是听觉的十倍多，由此可见，指导学生学习时特别要注意感官并用法。记忆日语词汇，除了强调眼看、耳听、手写、口念、脑思等多种感官并用外，还特别强调浮想记忆，即背诵完词汇以后，合上书本，努力回忆自己记忆过的内容，在回忆过程中尽量不去翻书本，回忆活动结束后再打开书本，确认自己的回忆是否准确，有无失误或遗漏。这种回忆记忆法也是突击背诵的好方法。

对于抽象、枯燥的词汇采用联想记忆的方法，赋予其生动的意义，从语音、语义的角度对词汇展开丰富的联想，有助于帮助学生记忆词汇，具体见表4-1。

表 4-1 学生记忆词汇方法

主要记忆方法	具体内容
形象联想记忆	把学生已知的形象与日语词汇结合起来
谐音联想记忆	如果学生有汉语或者是英语方面的基础，采用谐音联想的记忆方法是十分有效的，这是因为在日语中，词汇有汉语音读词汇、外来语音译词汇。一般而言，了解基本的读音规律，对词汇的记忆就会更加有效。谐音联想记忆的方法同样也适用于长音节日语词汇。在日语中，语言当中的外来词汇是由音译的方式来标注的，有了英文学习的基础，可以采用将英文转化为日语时所用到的标注规律。只有熟练地掌握了语音标注的方法，才能在词汇记忆方面提高学习效率
意义联想	只有对词汇进行了理解之后，才能展开意义联想。意义联想的意思是，利用新词汇和旧词汇之间的相似点来对新词汇进行记忆。这种方法优于机械记忆，可以不用强行记忆，学习效率高，容易记忆。采用这种学习方法，也涉及母语和其他的一些外语词汇
音感识记	日语词汇的发音，多是由音读和训读组成，如唐音和吴音。日语词汇中有些词汇的发音和汉语是相通的。所以，只要熟练地掌握这些语音规则，在音感方面也会有所提升，可以更加高效率地对词汇进行记忆

此外，日语中有许多拟声拟态词。通过归类分析可以发现，这些词的发音，表达了日本人对事物的某种感觉，由这些语音构成的词汇也兼有这种感觉。例如，日语中描写性强的形容词、名词、副词等许多都含有这个意义。对这些词汇音感的指导，需要教师有较深的词汇学基本功，对语音的特质有所认识，由此进行归纳整理，才能自如地应用到教学中。

（3）保持记忆教学策略。遗忘是记忆的天敌，记忆一结束遗忘就开始了。因此，教学必须重视对学生记忆的保持，通过复述、过渡学习、复习、回忆等方式加强记忆。

第一，复述策略。复述可以包括两大部分：首先是对词汇读音的复述，可以通过朗读等方式进行；其次对语义的复述，主要是针对用日语释义词汇的释义部分的复述和对由新词构成的词组的复述。复述策略的运用能力是随着年龄的增大而增大的，教师要督促学生提高主动复述意识，尽快习惯于复述的训练，在巩固记忆的同时，提高运用日语表达水平。

复述策略内容包括：①经常复述，培养复述习惯。②通过多种方式提高复述能力。复述的方法有很多，例如复述新单词构成的短语；复述新单词构成的短句；复述教师用日语对重要词汇的词义解释中的关键词或句；用自己的话复述词典对词汇词义的注释等。③重点复述。在不断提高复述的准确度和精确度的同时，注意抓重点、中心，逐步从机械性复述过渡到选择性的重点复述。

第二，过渡学习策略。过渡学习是指对刚刚学会的知识进行更深入的学习。所学内容的保持量与过渡学习呈正比关系。然而，过渡学习的效率并不高，无论是过于频繁还是过于稀少，都会导致学习效果不佳，同时还需要投入大量学习时间。一般而言，最合理的过渡学习率介于50%到100%之间，这有助于有效提高学习效率并节约时间成本。

第三，复习策略。对记忆的巩固要及时并且分散，这一点，艾宾浩斯的遗忘曲线给出了依据。艾宾浩斯的遗忘曲线表明人的遗忘过程是由快到慢、先多后少的。我们可以看出，学习之后二十分钟遗忘率为42%，之后遗忘速度就变慢了。再经过两天的时间，遗忘率就不会发生较大改变了。

一是分散复习。在学习结束之后的当天复习比一周之后复习，其学习效果要强很多倍，在学习结束之后当天复习的一刻钟要比学习结束一周后的一小时效果还佳。所以，对词汇的记忆要及时复习。还需要注意的是，及时复习不是立刻复习，如一下课就复习。一般而言，及时复习的时间最好选择在当天睡觉之前进行，这样会产生更好的学习效果。

二是，分散复习。从遗忘曲线我们可以了解到，进行及时复习之后对学习内容还是会遗忘。所以，有必要进行定时复习。定时复习时，分散式的复习方式其学习效果要高于集中式的学习方式，每次复习半个小时，分四次完成的学习效果要强于一次就复习两个小时。在之后的学习过程当中，其复习时间间隔相应地增长，时间也相应地减少。在生活中，有这样的一个学习现象，有学生背诵外语词典，背诵一张撕毁一张，现在知道，这样的学习方式是不明智的。

第四，回忆策略。有些学生在学习时会反复看、反复写，这是一种不科学的复习方法。从专业研究中可以知道，采用试图回忆的复习方法是一种高效率的方法。

回忆策略包括：①将词汇进行组块，一般由七个词汇或者是词组成。②记忆几遍之后，不看日语，只看汉语来进行书写。若是发生错误或者没有想起来，则再进行反复记忆。③记忆数个组块之后进行默写，若是无法成功，则先看汉语意思，若还是不行，就再次进行循环记忆。④对学习所用的时间占比进行回想。通常而言，有60%~80%时间是对词汇的回想时间，20%~40%时间占比是用于诵读。这种学习方法十分有效，它加强了学生的学习积极性，充分调动了学生的学习主动性，使学生的思维更加敏捷，把主要精力放在没有记熟的地方，不再像过去学习一样，把时间和精力平均分配到各个词汇中去。

（三）日语语法的教育教学

语法是关于语言知识的系统描写。作为语言学研究的一部分，语法学包括形态学和句法学，是与语音学、语义学并列的。基础外语课程的语法内容，一般都是遣词造句规则、词的形态变化或构成规则、句子构造规则以及这些语法现象的语法意义和用法。语法内容的选择性略大于语音，根据课程教学目的有所取舍。例如，有的日语教科书中的语法编写以郑重体为主要体例，一些简慢的口语体在课文、语法中所占的比重较少。尽管如此，也不意味着口语体就不重要。

日语语法的学习中有很多的体系，每种体系各有不同之处。就体系性和非体系性进行比较，前者是对语法的集中学习，后者是分散学习。对学习的模式性和非模式性进行分析，前者是从句式学习到例句学习的过程，后者是先学习语言规律再学习语言的语境与应用。每种体系的学习都对日语语法的学习发挥着重要的作用。

在外语教学领域，对于语法教学存在着不同观点。一些观点主张语法教学的必要性不高，认为学习语言可以通过对话交流和句型训练来达成，因此不必过度注重语法教学，因为我们对母语的学习都是这样的一个过程。但是，有一点十分重要，就是人们处于幼儿这个阶段的学习，都是经过大量的模仿来进行的，幼儿语言不是语言的规范，其实大人对孩子语言的改正，就是对其语法的纠正。因此语法知识是学会的不是天生的。在外语教学中，语法还是要教，其关键还要看如何教，即如何帮助学生准确记忆、把握规则，如何利用学生固有知识和能力去讲授新语法。这也是语法教学的重点。

1. 日语语法教育教学要点

（1）语法体的把握。日语语法和其他语法相比，包含了很多的语法范畴和词类，是因为它有两套严格的语法体系，分别为文语和口语。日语语法中的词汇，都是变化多样的，其中的助词、助动词的意义十分复杂，它的形式体言、用言又十分抽象，增加了学习的挑战性，再加上日语语法中的惯用型、敬语很多，为日语的语法教学增加了难度，也对教学提出了更高的要求。同样的内容可以根据表达者的身份地位、表达的场合等有多种变化形式，一不留神，就会出现交际摩擦。因此学习掌握庞大的语法体系是日语语法教学的一道难关。

（2）语法规则的记忆。构成日语语法的一些惯用句型结构比较复杂，难以记忆。结构复杂一面是指句型结构比较长；另一方面是指句型搭配，而且，各自的应用场合、表示的断定语气也有差异，如果不能很好区分就难以掌握。所以，记忆句型是日语语法教学的难点之一。此外，由于日语是属于黏着语系，助词、助动词的应用在语法学习中占据重要地位。我国的语言规则中，没有这种语法特征。所以，不仅要记住每个助词和助动词，还因为助词的一词多义，也为学生的记忆、理解增添了许多困难。还有对动词、形容词等的用言活用的记忆也属于这一类。

（3）语言规则的正确理解。日语中存在着两种性质截然不同的词类，一种是以表示客观事物为主；另一种以表示主观意志为主。在表示主观意志的词类中，助词和助动词是组成其语言的关键部分，那是因为日语中绝大部分语法都是要依靠动词和助动词来连接完成的。例如，表达句子之间的逻辑关系、句子成分之间的连接关系以及表达说话者的语气等，这些都需要依靠助词和助动词的帮助。所以，在日语教学中，要把这种具有语法功能的词汇划分到语法范畴。近年来，日语语言教学界对这点有了共同的认知。学生对日语语法功能词的掌握是近年日语能力检测的重要内容。

常见的日语功能词中一般包括句型、助词、助动词、文言助词助动词的残余用法、起助词助动词作用的复合成分（有两个或两个以上的词或词素构成、相对固定的符合形式）。一般而言，日语的语法功能词可以从广义和狭义来认识。广义的语法功能词指所有具有语法功能的词。包括如助词、助动词、接续词、语法性接尾词、起助词和助动词作用的复合成分等。狭义的语法功能词一般只指起助词、助动词作用的复合成分。由于日语语法结构的特殊性，为人们准确掌握和理解语法带来了困难。

语法的概念理解错误是导致语法误用的关键。可是，由于人们习惯于以汉语的意义去理解日语语法，由此导致的对日语语法意义分辨不清的情况时有发生。

（4）语法的熟练应用。语言规则教学的目标就是能够熟练应用语法，如何能够让学生把已经理解和掌握的语法、句型自如地运用到会话、写作等语言实践中去，也是语法教学的关键。不过教学中往往偏重书面练习，通过完成习题来达到对语法规则的熟练，致使口语应用时容易出现影响交际的语法错误，或者交际过程中语言迟缓、表述不流畅的问题等。因此，帮助学生熟练应用语法规则也是教学的一个重要内容。

2. 日语语法教育教学策略

（1）由词法带句法的教学策略。由词汇中心意义发展而成的惯用词组、惯用句型，仍然保持词的本来意义，通过理解词本义，可以对惯用词组、惯用句型有更深刻的认识。

惯用句型的讲解通常是属于语法教学的重要内容，而由词汇构成的惯用句型当属于词汇教学范畴。一个惯用句型可能由一个或几个词组成，通过分析这些词的词根意义，也可帮助学生准确理解句型。

采用这种教学策略，教师要注意的问题是：①注意将词汇教学与句型、惯用词组的教学结合起来；②分析时要有根据，查找原文辞典，增强准确性；③对于可分析的短语和不容易记忆或理解的短语、句型、惯用词组可采用这一教学策略，不必将所有的学习都这样一一分析；④这种分析要求教师的语言知识的基本功要扎实，可以多参考前人的研究成果。

（2）语法规则记忆教学策略。语法规则的记忆主要是根据不同的学习需要和语法的本身特点来灵活记忆。下面提供的记忆策略可以有选择地使用，只要有助于记忆就达到了目的，任何方法都可以。

第一，理解词汇基础上的知觉记忆。日语语法的教学要与词汇的记忆教学结合起来。因为日语语法是由词法、句法和修辞构成的。有些语法规则是固定的。一般而言，言语理解一般可以在词汇、句子和话语三个层级来处理。如果把言语知觉加上去，语言的处理就分为四个层级：言语知觉、词汇理解、句子理解、话语理解。

第二，音感记忆。在日语中有很多的惯用句型，一般是句型长且繁复，所以，学习惯用句型时，一般采用的方式是重复性地读，这样可以找到音感。还有一个原因，有部分惯用句型，前期都是词汇演变出来的，加上这些词汇复杂难懂，使得词汇含义和惯用句型所表述的含义没有太大的关联。要想采用音感记忆的方法进行学习，就首先要理解句型所表达的含义，再经过重复诵读句子，来明白句子中语气的变换。

第三，歌谣或谐音记忆。对于日语语法规则的记忆历来是令日语初学者感到困难的问题。例如，日语动词变化规则是比较复杂的，对于初学者而言，准确记住动词的七种变化规律并不容易，可以采用儿歌法记忆。先记住动词的七种变化"未、连、终、连、假、命、推"（未然形、连用形、终止形、连体形、假定形、命令形、推量形），然后再以词例记忆。

谐音、歌谣记忆语法规则通常应用于基础阶段的日语教学。特别是对入门阶段的学习很有帮助，不仅可以提高学生的记忆速度、准确性，还可以提高学习兴趣。教学中，教师要注意的要点有：①记忆语法规则的歌谣后还要对照词的原形和词的变化形，反复诵读词例，以促进音感的形成；②总结歌谣的目的是要学习者记住语法规则，记住歌谣不等于熟练掌握规则，必须要将歌谣的内容吃透，重视语法规则的熟练；③谐音或歌谣的编写要尽量接近日语语音，避免译音不准带来的记忆误差。

（3）组织语法知识教学策略。对组织的概念很容易理解，它是对语言内容资料的整理，一般依据资料的某些特性来进行编排的。组织策略就是进行组织时，所采用的各种明确的方式或者手段。在对资料进行整理的过程中，它是一个从乱码排列成有序状态的程序，使资料在实际使用中方便简洁，易于学习。组织策略在整理的过程中就已经处于大脑的记忆当中了，如同图书馆的书经过编排很容易被调用一样。对语言资料进行组织策略，就是进一步地对其进行精确加工，这样可以便于对资料的存储和应用，还可以使我们对资料内容更加顺畅地进行表述和消化，由于语法规则本身具有条理性和体系性，主要可以采用两种策略：聚类组织策略（归纳法）、概括组织策略。

第一，归纳法。归纳法又称聚类组织。同一种语言材料可以按照不同的标准来归类。采用什么标准聚类要与由分类带来的记忆效果密切相关。例如，日语助词的语法意义的阐述在日语教学中非常重要。助词数量繁多，意义复杂，难以记忆，通常在语法书中按照词性归类，分成格助词、接续助词、副助词、终助词四种，按照词汇类别进行讲解分析。但是，有的助词兼有多种词性。因此，单靠词性聚类组织难以记忆，需要进一步划分。例如，从意义上归类，可以将表达因果、转折等关系的助词归成一组；还可以从词汇本身的使用规则角度归类。

有效的聚类组织策略有利于将新旧知识相互联系，构成一个整体，形成一种新的知识结构，对语言规则教学而言是一种有效策略。在归纳语法时要注意：一是组块数量。对聚类组织策略进行研究发现，组块分类的水平和学习效果是成正比的。在短时间的记忆中，一般分类的组块数量和组内数量都保持在 5~9 个数量之间，会有利于记忆。在实际的使用当中，要首先对语言内容进行具体分析，然后再概括总结，要对其先进行仔细解析，再构造一个整体的架构，使所有语言内容、规则等知识建立起一个整体的框架。二是在对语言知识进行学习的过程中，要经常性地进行整合。就成年人而言，其聚类能力更是处于成熟的水平。所以，充分调动自主分析事物的意识，对学习的语言内容进行归纳分析，就可以建立一个完整的语法知识体系。因此，教师要指导学生自觉归纳整理语言点。三是参考前人经验。自主实施聚类组织行为时，有时费时费力，还不一定准确，可以参考研究论文或教科书、学习参考书中的现成材料指导学生学习。

第二，概括法。概括法又称概括组织，它是指以摒弃枝节、提取要义的方式组织信息。布朗和戴曾把概括归纳为五条原则，从易到难可排列为：①略去枝节，即概括时省略不那么重要的材料。删掉多余，即指已涉及过的知识不再重复，尽管前后在形式上稍有不同，也要如此。②代以上位，以一个类似的标记去概括总属概念。③择取要义和自述要义，找出一个主题句。

概括法教学策略可以具体分解为两种：①纲要法。纲要法是提取材料要义、组织纲目要点的方法。采用纲要法有利于抓住材料的精髓，常用的纲要法可分为数字纲要、图解纲要。数字纲要是以数字表示材料的层次，体现其逻辑关系的一种方法。通常可以借用大小标题、主题句、关键句等，若是没有现成的主题句、关键句，则要应用自己的话概括要义作为纲要。而图解纲要法是运用图示或连线、箭头等手段表示语言知识之间内在联系的方法。在日语语法规则的学习中，这是一种非常有效的策略。②网络法。网络法是指以树状连线方式表示材料种属逻辑关系的一种组织方法。采用网络法的关键步骤是确定语言材料的种属关系，找准种概念，然后按照层次依次确定属概念。运用网络法提取要点，逻辑关系特别清楚明了，便于理解和记忆。

（4）精加工教学策略。学生对正在学习的内容进行有效加工，使其所学知识被更好地吸收和理解的过程可以称为精加工。可以这样理解，通过对新知识和旧知识的某种连接，对知识的理解增加了更深刻性的解释。这和组织策略相比，组织策略的重点放在了新知识之间的连接上，这些知识内容很容易进行编码的。精加工重点在于新旧知识之间的连接上，可以加强对新知识的领悟力，是作为领悟陈述性知识的前提基础。在这样的过程当中，类比法、引申法以及比较法会被运用，使得新旧知识得到连接。所以，在语法的精加工方面，要使用类比、比较等方法进行。

第一，语法类比。类比是基于两个（或两类）对象之间在某些属性上相同或相似所做的一种类推。运用类比，抽象的内容可以具体化、形象化，陌生的可以转化为熟悉的，深奥的道理可以简单明白地揭示出来。

善于运用类比，可以使学习活动迅速从已知过渡到解决未知，从近的过渡到解决远的，从熟悉的过渡到解决生疏的，从明显的过渡到解决隐晦的……，但是要运用恰当才能显示其作用。在教学中要主要有以下要点：一是要充分考虑其可比性。所选的对比事物之间必须具有某种同一性或相似性，否则不仅不能起到过渡、启发的作用，反而会模糊思想。二是要考虑可接受性。所选的比方必须是熟悉、易懂的，最好是已经熟练掌握的内容，否则不仅多此一举，越来越糊涂，还会导致对新知识的误解。三是对所做比方不宜过多渲染。因为比方是手段不是目的，只能起过渡作用，因此，不必再对比喻本身过多描绘，宜精练、言简意赅。四是紧密结合教材的难点、重点。要在必须用的内容上应用，才更能显示出类比的作用。

第二，语法比较。比较是一种常用的方法，是在多个事物中存在着一种关联，对其进行剖析的一种方式。只有通过比较才能分辨。在日语的学习中，有时候新知识和旧知识有某种关联，往往会使学生发生认知上的混乱。采用比较的方式对其进行分析，能更加精准地把握新知识的含义，发现其内在特征。有三种方式适用于比较，分别为对立比较、差异比较和对照比较。有一点要明确，首先，要正确地理解对立比较的概念，它是通过把彼此反向的内容放在同一水平面上，产生强烈的反差，这样可以使人们更加形象的产生记忆。而且，一个记住了往往另一个也就记住了。例如，动词的命令表现中，肯定与否定的表达方式不同，通过对比，各种命令语气的肯定形式和否定形式就一目了然了。其次，差异比较。对两种容易混淆的语法现象进行分析，着重找出其差异，通过突出它们的各自的特性来区别。最后，对照比较。把同一类别的若干材料同时并列，进行对照比较。

第三，语法精加工。对所学语言知识进行精加工是语法教学的重点。在加工处理语法知识时要注意：①随时注意新旧知识的联系。通过预习新知识和复习旧知识，将新旧知识紧密联系起来，将新知识纳入旧知识的网络中。这里所指的复习旧知识不是笼统的复习，而是有针对性的复习。②讲授精加工方法。可以结合教学内容，不断地提供一些精加工的实例，帮助学生掌握语言规则的精加工方法，让学生通过模仿逐步掌握，从被动地接受知识转变为主动地加工新知识。

二、日语会话的教育教学

说日语也不仅仅是会说还要会听，在用日语与别人交流时，要做到双方互相理解才能继续谈话。说话需要思考和语言表达同步进行，如果思考和表达一样也不能调动，就会面临说错话或者说话慢的问题，这会令交谈者怀疑其对话者的日语水平。因此，想要一口流利的日语，要训练思维和表达能力，多读日语文章可以训练表达能力，多听日语音乐和日语对话可以训练思维方式。

倾听和说话同样是感受外界的一种能力，说话是主动的表达，倾听是被动的领会。说话和倾听在日常交流中是必不可少的。诉说的能量在于传达消息和表达内心，从学习方面说，能够自然而又顺利地说出让人听得懂日语的人，也一定能够听懂日语。所以，经常练习日语的口语，一定能够提高听力的能力。反之，会听懂说日语的人是什么意思也一定会说，因为说与听是融会贯通的，想要表达就要思考，思考后就会表达出来。口语不仅仅只是语言的定义，在日常生活中，口语还能帮助我们交到异国的朋友，增加我们的见识和拓宽我们的眼界。"听"与"说"的教学必须发展这些技能。

"说"的这种言语活动能力可以从两个方面获得，语言和言语虽然字是一样的，但是组合顺序不一样，这就能体现出两者存在不一样的意义。语言是能够训练的，语言的能力是能够提升的，是能通过大量的训练学会的，而言语并不是通过系统的学习学出来的，它是一种不可说明的感觉，是人在生活中不断交流而慢慢建立出的能够感受到的能力。语言的学习极其重要，语言的学习有诸多的作用，具有反思的功能，它能帮助改正人在正常说话中存在的语句不通顺、语意颠倒、语法不规范、词语不适用等问题，除此之外，语言能够增加人的主动性，它能够挑起人学习的兴趣，能够提升人说其他语言的能力。一个学习日语的人在与别人的交谈中，一定会过度关注自己是否有语法错误，是否有用词错误，是否语序颠倒等。因此，在说的过程中一定会磕磕巴巴、不通顺。语言的学习同样可以帮助改变这一问题，使交谈更加顺利。

过去日语教育教学重视语言学习超过重视语言习得，现代学习心理学的发展为日语"说"的能力形成提供了理论依据。但是在重视语言习得的同时，也不能完全抹杀语言学习对"说"的能力形成所起的作用，既要重视语言的习得又要重视语言的学习。

根据会话的心理特点，把会话能力概括为：自如地、创造性地运用已经学习过的语言材料表达思想的能力；注意力集中在会话的内容而不是语言的表达形式的能力；具备敏捷的思考和快速运用语言的能力；会话过程中的日语思维能力（或排除翻译的能力）；应对无主题对白的语言交际能力等。

（一）日语会话教育教学的要点

"日语会话课程是一门为培养学生将所学的日语知识转换为实际语言能力和技能的课程，是日语语言技能和能力的实践课"①。因此，日语会话教育教学需要掌握以下要点：

第一，自信地开口说日语。很多日语学习者都因为担心发音、语流语调不好、担心说错话被人笑话等而羞于开口，导致会写不会说、会看不会说的情况时有发生。因此要提高学生开口说日语的自信，是会话教学先要解决的问题。

第二，排除母语翻译。学习语言的人都会有一个共同的问题，那就是忘不掉母语带来的影响，他们会把母语说话的习惯带到日语中去。在中国，我们经常调侃"中国式英语"，这种情况在学习日语时同样存在，使得日语的表达不明确，不仅如此，脑海中词语的调用速度会变慢，表达过程被控制，使得语言交流并不顺利。

第三，提高语速和表达流畅度。翻译可能在有些人身上是学习语言的重要任务，但其实真正会学习的人是没有翻译意识的，翻译代表在与人交流中要使两种语言融合，最终用日语表达出来，这不仅使人在交流中的语速降低，还会使人在说话时表意不清楚。除了要注意语速问题，还要多练习如何说，这样才能锻炼口腔肌肉和大脑的记忆，使发音更加清楚。由于日语的表达思维和中文不一样，在日常无目的聊天时，不能够快速转变话题，记忆中的词语不能快速调动，从而使交流变慢。

第四，既关注语言表达形式，又重视表达的内容。在学习日语时同样存在这种问题。在对话中，常常因为太关注词语的运动和句式问题等，而把所说的内容讲错，主题思想不明确。因此，在日语学习中，要做到两头兼顾。

第五，在有声状态下表达时提高思维能力。双声学习与单声学习是指大声朗读和默读。所谓双声是指大声朗读中，大脑中存在声音，耳朵中同样存在声音，因为自己可以听到自己所说的内容，这样就有双倍的学习效果，而默读只有脑海中存在声音，在学习语言的过程中，朗读更能提高学习能力。

---

① 肖雯. 日语会话教学之浅谈 [J]. 大观周刊，2012（35）：119.

（二）日语会话能力的训练策略

在提高日语口语的实际表达能力时，要以翔实的语言知识以及运用能力作为学习基础，同时借助交际中的辅助手段等非语言方式来阐述自身思想，达到交际目的。

进行对话，是将语言加以灵活运用。但是，为了语言的灵活运用，首先要具备相对熟练的语言基础。换言之，就是要达到脱口而出的境地，同时，在进行对话表达时，也可以借助非语言手段来进行情感表达、思想传递等方面的交流。在极为普遍的情况下，语言表达能力的多样化，会使表达的内容也相对丰富多样。在日语教学中对会话能力的培养主要是针对语言交际研究教学策略，针对非语言能力的培养则没有过多涉及。其次，提高会话能力还要重视日语思维习惯的形成和训练。通常需要借助复用式言语学习，来进行日语思维习惯的学习养成。习惯的养成需要的是长时间的努力与付出，而不是一日之事。但是，在学习基础日语的过程中，学习者对于语言训练，往往停留于汉语译为日语的程度上。所以，在日语的初步学习阶段，采用翻译的学习方式是极为可行的，而且翻译教学有着自身的优点，可以让学习者不用构想话语而直接进行日语表达。然而，采用翻译教学也是有一定缺陷的，这就是在教学以及培养说话能力的过程中，不利于学习者日语思维的形成。日语能力中极为重要的因素之一就是思维能力，同时，因为在进行实际对话时，要实现快速表达自身思想的目的，就要通过多样的对话练习方式，来进行实际语言能力的培养。

1. 日语思维能力训练策略

培养日语思维的目的，就是要让学习者用日语来进行思考以及思维表达。其中，主要的思维形式包括概念、判断等多个方面，比较、分析与综合等是思维的过程。借助语言进行思维表达的主要形式有两种：一种是口语表达，也就是对话；另一种是笔语表达，也就是人们常说的写作。然而，如果没有形成相应地运用日语的思维习惯，那么，在进行语言表达时，会过度依赖母语思维来进行问题的思考，然后再进行日语翻译，这样会对语言交流的准确性以及速度有着深刻而直接的影响。所以，在人们进行语言表达时，思维能力对于能否清楚表达人的想法发挥着极为重要的作用。思维能力训练主要采用两种方法：其一是对译起步、熟练为本；其二是从词汇表达到短句、整句表达。

在日语教学的初级阶段，就要制定相应的学习计划来锻炼和培养学生的日语思维能力。由于初级的学习者并不具备一定的学习知识基础，例如，学习方法、词汇量等方面的基础相对薄弱，所以，学习者很难形成较为完善的日语思维体系。最为普遍的情况，还是采用翻译训练的形式来进行日语表达训练。同时，随着日语练习的不断深化，熟练程度的不断加深，学习者可以在遇到相同的场合时能够做到脱口而出。然而这也仅仅是机械性的练习，这展现了学习者语言掌握的熟练程度，为以后的思维训练奠定了良好的基础，还没有形成完善的日语思维习惯。

从词汇表达到短句、整句表达是一个循序渐进的提高过程，从基础阶段就要指导学生养成随时用日语表达的思维意识，见到某物做某事，有意识自我提示用日语表达，独立思考问题时，也可以有意识地用日语词汇去代替母语词汇或短句，为语段思维能力的形成奠定基础。日语思维能力训练可以采用很多方式，在会话练习中训练日语思维能力，可以采用背说、看图说话、仿说、复述和转述、讨论和评论、口头作文等策略。阅读、写作的训练也对日语思维能力的形成有促进作用。

（1）背说训练。将文章进行背诵后，再进行背说练习，对于进行日语思维的训练是极为有益的。所以，在背诵过程中，学习者之前滞留于书本上的记忆印象以及文字位置的思维记忆等特别清晰，在背说阶段中，学习者的注意力就会转移到所背诵内容的逻辑顺序上。

第一，背说不仅是背诵的高度熟练，还是说话者用自我语言表达原作者思想的过程，因此，注意体会文章原作者的感受、感情。

第二，背诵与背说都要求说话人要重视文章所表达的中心思想、主要观点。

第三，背说时要尽量保持语句的连贯性，不做不必要的短暂停顿。

第四，背说时杜绝"先用汉语想语意，再用日语想表达"的思维方式，要直接用原文的语句来思考和表达，当回忆不起来时，可以参考提纲、关键词、图示等。若还是不能回忆起来，可以翻看原文。

（2）看图说话。因为表达的困难一个是语言材料；另一个就是构思，没有内容的表达是难以训练思维的。所以，通过看图说话来练习日语思维是一个好方法。

第一，事先准备。初级阶段的看图说话，由于学习者的语言材料较为贫乏，可以事先查找一些相关的词汇。例如，介绍教室，就要准备"教师、学生、书桌、椅子、黑板、门、窗、地图、粉笔、电灯、墙壁"等物体名词，还需要准备"左右、上下、前后、旁边、邻近"等位置名词，最后还要准备表示有无、存在与否的句型。

第二，反复练习。通常而言，对于平面图画的表达，每一次都会不尽相同，在中心语、表达重点等方面都会有较大差异。所以，最初，黑板作为中心位置，在黑板的附近有门，窗户等；第二次，桌椅作为中心位置；第三次，中心位置变为教师或者学生。因而可以借助不同中心的表达训练，提高学生对于语法词汇的熟练掌握程度，以至于养成完善的日语思维习惯。

（3）仿说训练。边看日语录像或边听日语录音，边仿说。有利于提高说话人语言听解能力、记忆能力和日语思维能力。

第一，跟上思路重于跟上发音。学习者在进行模仿他人说话时，要注意无须重复音节，同时也要尽可能地与录音中说话者的思维方式相符合。语言由听到说的传递过程，与思维到会话的传递过程，在速度上有着极大不同，也有可能是因为仿说时个别句子存在缺陷。但是，如果只要能够与说话者的思路相符合，那么，仿说就可以继续，仿说也可被认定为是有效的。

第二，逐渐提高仿说的完整度。在"听"的基础之上说，就是所谓的仿说，所以，仿说与听的能力有着紧密的联系。随着听的能力不断增强，仿说的水平也会相应地提高。在仿说训练的初始阶段，可以采取边看文章边听的训练方式，同时进行仿说训练。等达到一定的熟练程度以后，可以借助参考提纲、提示词等方式来进行仿说练习，这样有助于仿说的完整性不断提高。

第三，仿说要模仿示范读的态度、表情等。进行仿说训练的目的是多样的，其中，目的之一就是学习者在能够跟随说话人的思路时，逐步提高学习者的日语语感。同时，学习者在对说话人的语气、语调进行模仿时，也可以通过相关的录像观察说话人的具体表情、表达态度以及表达方式等各个方面，来进一步了解日语表达中的不同含义，这样不仅对日语可以形成感性的认识，还可以进一步提高自身的语感。

（4）复述或转述训练。对于已经读过的文章、书刊等，遵循相应的提示、问题、人称以及关键词等不同形式，来进行的叙述就是复述或者转述。由于说话人对于要表述的内容的逻辑顺序以及语言点有着充分的准备，然后借助日语进行表达，通过这样的练习，可以进一步提高学习者的复述以及转述能力。通常情况下，学习者所考虑的是如何运用日语来组织语言以及表达方式等方面。注意力就会从翻译过渡到直接用日语思考，因此复述也是训练日语思维的一个好方法。

第一，精练语言。精练复述的语言，以减少日语思维时语言材料选择的困难。尽量用文章中的中心词或中心语句来复述，减少思维过程中的语言障碍。

第二，提高语速。要注意提高复述的速度，以训练思维的敏捷性。提高语速的练习也可以通过朗读训练来进行。

第三，理清逻辑。理清要复述的内容之间的逻辑关系、层次，以训练思维的条理性。

第四，按照提纲复述或转述。可以将文章分成若干段，逐段拟出小标题，参考教师的复述或转述示范，然后进行转述或复述的模仿。

第五，按关键词复述或转述。将关键词写下，然后将关键词组织成一段话进行转述或复述。

第六，改换人称复述或转述。采用改变课文或文章中的人称，如把第一人称转成第三人称，或者把直接引语变成间接引语、把间接引语变成直接引语等方式，提高用不同的人物关系叙述事件经过或情节的能力。

（5）讨论或评论训练。通常而言，仿说、背说、背诵练习可以视为养成学生熟练语言运用能力的基础训练，那么，更进一步活用语言的训练方式就是换说、对话以及转述、评论等。

可以在小组内部进行评论以及讨论练习，亦可以独自进行练习。由于学生自制力的强弱有所差异，所以，可以由教师进行指导相应的小组练习。在评论以及讨论开展之前，要先做好题目的拟订，选择关键词。与此同时，对于讨论者所讨论的内容，并没有明确的界定。借用日语来进行讨论，有利于引发讨论者对于别人发言的思考以及对文章内容的思考，有利于缩短思考时间，同时进一步摆脱母语的束缚，改变母语的思维方式，进入日语的思维方式中进行思考。

第一，有效的约定或监控。相关的讨论计划以及规定是在进行讨论以及评论之前就要做好准备，充分发挥自我监控的作用。如果有特殊情况，教师可以进行必要的监控。与此同时，因为每一位学习者有着不同的心理特征，在讨论中有一部分人不喜欢发表自己的见解，也有人使用母语进行思考再翻译成日语进行表达，这都不利于讨论的顺利进行。因此，教师要以身作则，鼓励学生积极发言，并避免母语交流。与此同时，对于个人的发言时间也要合理把握，如果一个人发言的时间过长，那么就不利于他人的讨论和参与。所以，在讨论开始之前，对于讨论形式以及内容，要做好相应的规定和计划，保障讨论过程的顺利进行。

第二，明确目的或目标。讨论前要明确讨论的目的及讨论后的检查手段。例如，讨论后的结果以课堂发表、课后书面报告等形式以日语归纳，从而形成有效的学生自我监督机制，这就不会因目标不明确而导致讨论失败。

第三，讨论的时间安排。在对于时间长短的安排上，要根据讨论内容以及讨论兴趣，学习者如果讨论时间过长就会出现无话可说或者内容重复的现象。但是，如果讨论时间过短，讨论者的思考时间是极少的，以导致讨论的问题以及目标也会很难完成。

第四，讨论形式多样化。讨论形式可以涵盖多种类型，例如，松散型讨论、组织型讨论以及辩论等多种形式，借助讨论的学习形式来逐步提高学生运用日语表达的能力。

（6）口头作文。说话人用自己的话表达自己所熟悉的事物，这是思维能力训练的一个好方法。

第一，事前准备。口头作文不是背诵，不要事先写好发言稿，背诵下来再发表，这不利于思维训练。可以事先写好提纲，对与自己要表达的内容有关的词汇，也可以事先整理出来，以备不时之需。

第二，时间控制。开始时口头作文的时间可以短一些，控制在 3~5 分钟即可，以后逐渐加长。

第三，教师帮助。开始时可以借助教师在表达方式上的提示或帮助，以后逐渐减少。

2. 日语言语熟练训练策略

为了实现言语熟练这一目标，不光要加强对口腔等发音器官部位肌肉的训练程度，不断熟悉发音部位的肌肉运动，同时也要逐步提高对语言知识应用的熟练程度。借助朗读、背诵等形式，进一步提高言语熟练程度。

（1）朗读训练。在学习的练习方式中，朗诵是其中不可或缺的一种方法，同时由于对于朗读的要领大多数学习者并没有完全掌握，导致并没有取得良好的效果。所以，通过有效朗诵，可以进一步锻炼发音器官的肌肉运动，同时语言熟练程度也会得以提高，也可以借助预测下文、揣摩语气等方式来进行日语思维训练。

第一，认真听音后朗读。在进行听读音示范以后，再进行朗读练习，不要漫无目的地开展朗读练习。同时，在听音时，对于文章中的断句，重音等不明确的读音部分做好相应的标记，利于朗读时参考借鉴。

第二，高声朗读。默读作为成年人中较为普遍的阅读方式，也可以说是视读或者小声朗读。会话就是双方都可以听到的语言表达，而大声朗读则是进行自我声音的熟悉，以此来逐步提高说话的自信，所以在朗读的过程中，可以借助刺激自我听觉，达到增强记忆的目的。

第三，有感情朗读。高声朗读也分为多个阶段。在进行文章练习朗读时，最初以语音、语调以及语流、语速作为核心，之后在理解文章意义上，可以采用一边过渡、一边理解的方式，逐步培养边读边思考的习惯。同时，借助想象等方式将自身代入角色中，这也是培养日语思维的有效方式之一。所以，在进行朗诵练习时，要做到语调正确、断句得当等，同时则可以借助朗读等，深入体会文章的情感，饱含感情地进行文章的朗读。感情投入地朗读需要一边读一边思考或体会文章的内容，随着朗读速度的提高，日语思维的敏捷性也得到训练。

（2）背诵训练。在包括日语在内的外语教学中，极为常见的学习方法之一就是背诵，这不仅有利于朗读技巧的养成，也有利于提高记忆语言材料的掌握程度。同时，借助背诵可以养成学生熟练运用语言的技能。由于背诵语句以及日常会话等各种方式，是提高日语表达能力的有效途径。借助背诵课文，文章中本身有着相应的逻辑关系，采用理解记忆是极为有效的学习方式。在进行理解记忆的过程中，背诵与思维训练有着深刻的联系，所以，日语思维形成的过程中，背诵本身发挥着极强的推动作用。

第一，选择有价值的背诵材料。以发展口语会话能力作为出发点，在背诵时，最好的背诵素材就是现代规范的日语，而且其中的口语是相对广泛应用的。并且背诵素材的内容以及题材涉及范围也是极广的，但是对于一些例如日记，以及课文等文体就不需按顺序进行背诵，只要可以达到模仿套用的标准就是可行的。

第二，理解基础上的背诵。不理解的内容难以背诵，即使硬记下来也会很快就遗忘。理解性背诵是指：①在背诵之前就明白所背诵语言材料的内容和语言结构；②掌握包括朗读技术在内的背诵的方法；③背诵时要边背边想背诵提纲、关键词等，否则就会变成死记硬背。

第三，背诵后检查。对于文章背诵的检查，其中包括多个方面，例如语音、语调等多个方面。衡量对文章内容以及对文中思想表达是否正确的重要标准就是语调正确，所以要抓住关键点来进行检查，同时也可以自问自罚以及采用教师提问的形式来进行背诵检查。

第四，背诵后的进一步活用练习。相对于会话而言，背诵作为提高会话能力的关键环节，发挥着重要的作用。但是，背诵并不等同于会话，背诵仅仅有利于提高会话的能力。所以，背诵要与实践性的会话积极结合起来，最大程度上发挥出作用。同时，借助灵活的练习方式可以避免机械化的语句练习。此外，对于已经学习并熟悉的词汇以及语句要做到可以灵活运用。

（3）问答训练。在发展口语能力的过程中，其中一个较为基本的练习方式就是问答，作为一种言语练习方式，其是有利于全面培养学习者听、说、读、写等各方面的能力的。同时，在参加口头问答训练时，要做到主动提问以及主动回答，因此，在问答过程中，要兼顾良好的理解能力以及表达能力。所以，在这种多方面、综合性的练习中，可以不断提高说话人的反应、准确表达等多方面的能力。

同时，在日语的实际课堂教学中，问答涉及多个方面，其中包括即景问答、情境问答、按图问答以及概括性问答、选择性问答等多样化的问答形式。所以，我们无论采用何种问答方式，其中所遵循的普遍规律就是一个由简到繁、由易到难的过程。

第一，提问和回答都要语言清晰，语法正确，努力做到语调标准、优美。

第二，语言的逻辑性要强，避免思路混乱带来的交际困难。

第三，要掌握必要的提问技巧，学会表达自己思想的基本方法。

第四，提高口头提问或回答的机会或次数。

第五，经常开展小组协作式问答或者学生自拟题目、自问自答的虚拟问答训练。

三、日语听力的教育教学

听是语言教学的目标，对日语知识进行学习就必须通过听这个重要的手段来进行，听是日语学习的基本技能。从专业的信息传送来分析，它是一个被动的、吸收信息的过程，因为听的内容并不是听话人可以控制的，在听的过程当中，虽然也包含了对信息的主观分析过程，但还是被定义为属于被动的行为。从语言的表达方式上看，听是一个隐藏的过程，是否听懂往往不是立即能发现。因此，听解也是一种复杂、紧张、富有创造性的智力活动，它要求听者在听的过程中积极地进行感知、记忆、分析、归纳、综合等思维活动。因此，听力训练又是一种智力活动。

听是一个进行理解和感受的过程，主要表现在对所听内容的理解程度和速度上，它和阅读一样，是需要领悟的过程。

在日语学习的过程，听觉也是需要技巧的，主要有两方面的表现，分别为推理和预知，它们都是产生于阅读理解能力之上的。对听和读进行分析，它们所运用的感知器官不同，听以阅读理解能力为依据，还是要进行专业的练习。因此这是听力能力培养目标之一。

根据听的心理特点，把听的能力概括为：迅速捕捉和存储信息的能力、辨别各种语音的能力、适应日语语速的能力、长时间的听解能力、综合和概括的能力、判断力等。

(一) 日语听力教育教学的要点

1. 培养"听音会意"的能力

在对听的能力训练上，要对听音、辨音方面进行练习。在日语中，其语音组成的特征，在日语教学方略中有所阐述。例如，中文中没有涉及对语音进行长、短音的划分，对于日语长短音的听解就成为日语听解的一个困难所在。正是由于音位、音调、音长和音拍等的不同而产生的日语语音特征的存在，对一段话语进行正确理解，就要十分精准地领悟到语音的含义。当我们学习日语时，听力不是对听音、辨别音上的理解，它是对所听内容的领悟和会意。语音教学的主要目标是针对听音、辨别音方面。但是，在听力的训练中，这仅仅是一个简单的小任务。听取语音感知意图，就是熟练地将语音、词汇和语法融合起来，领悟句子所表达的中心思想。这是听力能力培养的首要目的，也是听解教学的难点之一。

2. 培养快速准确存储信息的能力

在运用母语会话时，即使听到很长的内容也能够复述出大概的内容，这是在"听"时短时记忆在发挥作用。当我们使用日语进行交流时，会发生这样的现象，就是对所听到的内容不能很快地记忆，经常是听了后段内容，前段的内容就记不起来了，这是因为人们对日语词汇、语法，包括所处的语言环境以及使用日语进行交流本身，都是有所抗拒的，从而影响了记忆，使我们对所听到的句子不能会意理解。这样的情况，会对大脑的记忆效果产生影响。这一点是在训练听力时必须克服的重中之重。

3. 培养长时间听解的能力

无论是听母语还是听日语，当专注于听解一个话题时，有时会因为过度紧张而产生听解疲劳，短时间内大脑运行停滞，产生听解空白。听日语时，这种空白发生的频率会更强，这是源于日语思维方式的变化，语言信息的传递和生成在头脑中还没有建立畅通的通路。日语教学需要帮助学生尽快建立起这个信息输入和产出的网络。通过训练，让学生逐渐适应用日语听解的思维方式，逐步延缓或减少由于紧张、陌生而产生的疲劳，把听日语和听母语的感觉趋向等同。因此，提高学生长时间听解能力也是听力教学的任务之一。

4. 培养调整思维方式的能力

在语序上，中文和日语有很大的差异，所以，在听时要把思维转换到日语表达形式上来。这种转换过程是隐匿的，是一个慢慢形成的过程，这种由中文方式向日语方式的转变过程，是需要时间进行练习的，只有这样才能完全地使用日语的表达方式。所以，怎样才能转换为日语表达方式，减少母语对听解内容的干扰，是日语听解教学的一个关键。

5. 培养准确取舍所听内容主旨的能力

在听的过程中，要不断地对所听内容进行理解和判断。在这个过程当中，关键之处是对谈话中心思想的掌控。用日语进行交流时，我们对谈话中的一些逻辑推理、客观的判断和谈话方向的发展等，都不能快速反应，不能及时地调整自己的思维，和说话人的思维不在同一条水平线上，对中心话题不能掌控，对所听的语言无法进行分析判断等，从而无法正确地表达自己的意图，使自己无法参与到话题中去。只有做到思维正常运行，才能称之为听解，否则，只是倾听而已，所以，把握话题宗旨也是听解教学的要点。

(二) 日语听解能力的教学策略

1. 一次性听解教学策略

由于在课堂上听讲的时候，时间是很短暂的，因此，既要在听的时候学习新的知识，还要在脑海中回忆，同时还要很好地理解学到的新知识，这就有一定的难度。所以，就需要学生学会快速收集与记忆知识的技能。可以利用以下的一些方法，来增强学生听和理解的水平，这样，教学目标也就更容易达到。

（1）中间不停顿听解训练。用学过的语言材料进行听力训练时，要坚持让学生进行快速综合地理解所听内容，即使在听的过程中遇到听不懂的地方，也不要停顿或反复听。因为停顿或反复听违背听的真实性，一旦养成反复听的习惯，就会容易把对听的注意集中到词或语言规则上，很难关注内容逻辑，也会妨碍听的过程中全面理解语言材料能力的形成。

（2）选编好的听力训练材料。所选听的语言材料中新的语言现象尽量少一些，即使有也要能通过联想、借助上下文猜测出其含义。这类语言材料可以是熟悉的也可以是陌生的。不适合听者听力水平的语言材料对听的训练而言可以达到"练耳"的目的，但是对于听解能力的培养而言意义不大。此外，过难的语言材料会妨碍听者快速综合地理解听的内容，不利于听解能力的培养。

2. 听音会意的教学策略

听音会意是指准确辨音，正确理解话语含义。由于讲话者的出身地以及身份、地位不同，男女老幼的音色的不同，不同的人由于音质不同而导致的发音不同等原因，直接影响到听话人对语音的分辨，影响听解的效果。所以需要具备分辨各种语音的能力，即能够分辨不同地区、不同性别、不同年龄层次的人的日语发音的能力。辨音能力培养主要在语音教学阶段。为提高辨音能力，需要通过各种语音的辨别训练，以克服由于发音的差别给听音带来的困难。听音的主要目的还是要会意，不仅是理解说话人直接表达的话语内容，对省略的、隐含的话语内容也要准确把握，这就需要有扎实的日语知识功底和日本文化基础。语言知识和语言文化是听音会意的基础，但是对于已经掌握的语言知识和语言文化知识，也不是马上就能听得懂、理解得准确，还是需要通过应用性训练才能达到纯熟。听音会意能力可以通过扩大听音范围、精听与泛听相结合等方式进行训练。

（1）扩大听音范围。在现代日语教学可以应用的设备不仅仅只有多媒体教学设施，微信等软件和平台也都对学习带来帮助，可以方便人们随时听到各种素材、体裁、音质音色的标准日语。教师在教学过程中可以随时选择合适的听音材料，给学生创造一个语言想象和视觉、听觉相结合的语言环境，以提高学生的"听"的能力。选择用于听解训练的电教材料时要注意以下方面：

第一，练习材料的科学性和技术性。日语教学用教件在科学性和技术质量方面应该达到语言地道或规范、语音语调标准和清晰，各种图像清晰、稳定。

第二，学习适合性。在进行日语教学的时候，一定要有与之搭配的教学条件：①在进行教学的时候，一定要层层递进，先易后难，讲解的时候也要注意语速。②要根据不同的日语教学目标，在选择教学条件的时候，一定要顾及教学环境，如在进行泛读的时候，一定要放慢语速，同时要在合适的语言段落处进行停顿，这样在进行跟读练习的时候就很方便。如在课堂之外进行复习使用的话，就可以适当地加快语速，同时也可以连续进行。在使用程序教学课件的时候，在其内容的编辑上，一定要从教学者的角度出发，要方便其教学，就使用课文诵读以及课文提问的录音带这类教具的时候，就一定要在每一个问题的后面有停顿，同时提供相应的结果，还要具有过渡性的训练等。

第三，艺术性。在引导孩子们进行自主学习以及开展一些课后教辅活动时，应该选择一些具有美感的教学方式。PPT、幻灯片以及投影教学，可以选用一些学生喜欢的图片，所插入的视频最好有事情发展过程或者具有趣味性，在进行听力训练时，用优美的乐曲代替没有声音。

（2）精听与泛听。听是指学习者凭听觉再现听力材料所传递的信息。听写是指学习者在听后以书面形式完成检查听觉理解情况的作业或练习。精听以及泛听都包含在听力学习中。就学习模式来讲，这两个听力练习都大同小异，其不同之处就是听力资料的深度以及在学习后所要完成的作业目标不尽相同。精听就学习者而言一定要完全领会文章全篇信息，而泛听只要做到收集重要信息即可。

在进行语音方面学习的时候，就对语音学习的听写练习做了要求。其中，听写所有课文的词语和语句都包含在课文学习时候的听写练习中；听答（聆听教师就学习过的词语和语句以及语法，口头所给出的疑问，快速地给出结果）；就课本中出现的一段话进行听写；对和课本的难度差不多的录音文件进行听写；听写填空（预先准备好听写资料的填空问题，进行训练的时候先播放几遍课件，然后一边播放录音一边停顿，同时在空白处给出录音中的主要信息和语句）。

精听中常见的作业或练习形式是：日语发音相似的假名或词汇的辨音练习；正误判断练习；多项选择练习等。精听的一般步骤是：初听—复听—完成作业—阅读书面材料—校正—分析错误。

第一，初听。教师在布置初听训练任务时要明确指示"听"的目标，是要求学习者了解课文大概内容，或者是要求学习者明白所有字词、语段的意思，当然也必须告知学习者将要朗读、播放的是语句、语段或是一整篇文章，还得让他们清楚朗读播放多少次，做好相应规划。根据学习者的能力不同，教师所制定的教学方案也得发生变化。面对刚开始学习的学生，在未进行听力练习之前，得让他们大致了解语段或文章的大意，降低难度，才能更好地激发学生的学习热情。有了一定的基础后，可以靠加快朗读播放速度等方法来提高学生的听解能力。

第二，复听。弥补初听的遗漏、疏忽或订正错听。语言单位通常为全文。通常只诵读或播放一遍。

第三，完成作业。有的听力材料还附带对所听内容的书面问答练习，可以在初听前或复听后逐步完成作业。

第四，阅读书面材料。课文听解除非是要关注语调、重音，需要在原文做标记，其他的听力训练尽量不要边看课文边听；如果所听语言材料是陌生的，则在听力训练过后一定要通过阅读书面材料来自我检查听解结果，订正听解中的错误。

第五，校正和分析。对于听解中产生的问题进行改正，然后将产生的问题进行剖析，寻找出形成错误的原因，看到底是因为词语不熟悉亦或是对语法领会的不正确，还是在语音的辨别上不准确等，对于那些听解水平不高的学习者，可以引领其开展有针对性地练习。

（3）高语速的日语听解策略。语速过快的话可能会改变音质，从而让学生在辨别不同的语言和它的变化体时，比较困难，尤其是那些听起来一样但是现实却不一样的语音，这样一来就会使得学生在领悟的时候出现错误。除此之外，语速过快的话，学生可能没有充足的时间展开想象，使得他们不能把上下文内容联系起来，就会产生听解不全面，同时还会使学生在听解的时候产生疲惫感；语速太慢的话就会使得语言不连贯，会出现断句，学生的注意力也不会集中，可能没有全心主动地进行思考，这样也会使得学生领会得不够精准。

通过心理语言学的相关实验数据可以看出来，人可以听见的字节每分钟是，在快语速下大概 400 个音节，在中语速下大概 250 个音节，慢语速下大概 120 个音节。在相关语言中，日语相对而言语速比较快，这样就要求学生要具有能够匹配中速之上语速的听解技能，通常为适应每分钟 270~280 个音节的语速能力。在教学中可以采用如下策略指导学生：

第一，集中注意力。在高语速的环境下，其表达的内容一般都是一下就过去了，一不注意就会漏听，因此，一定要集中精力认真去听。想要让精神高度集中，在进行听音的时候，就要做到手记和动脑以及口讲等多个感官同时进行，要自主、全身心地去听。

第二，经常练习。经常练习要常听正常语速的对话录音或广播、电视中节目主持人的播音、影视剧中的台词等。除了指导学生课堂听录音外，课后也要根据学生的听力水平，布置适当的听解练习或练习朗读、听说以及默读等。

第三，预习或准备。预习或准备是指在听音之前了解话题以及与话题相关的词汇。有条件的听记训练，如听解熟悉的内容等可以提前预习与所听内容有关的词汇、语法等，以提高听的兴趣和效果，在体验听解满足中逐渐提高听解能力。对于陌生内容可以通过初听、复听等手段逐步达到熟悉话题的目的。

第四，听不懂的词语或句子的处理。进行解听的时候，假如碰到有些听不懂的语句，一定不能停下来去思考，要做到继续将听解进行下去。按照现实状况，可以将那些听不懂的词句，在本子上记录下来，然后接着听下去，也可以暂时不去管不懂的地方，随后通过对全文的理解以及交流者的情绪和表情来对那些不懂之处进行猜测，得到这些不懂之处所表达的意义。对于记录下来的内容可以听完以后再设法弄懂。在不影响理解话语主要内容的情况下，某些不懂的词或句子可以忽略。然而针对那些很重要的信息，例如，交流中所讲到的位置和时间以及交流的主要信息等，假如没能一次性理解，在条件合适的时候，能够利用重复听以及提问等方式来增强理解，这样就能避免理解错交流的主题和自身的记忆。

（4）听记熟悉内容的训练策略。理解语意固然是听解的关键，但是，听熟悉的内容也是有意义的。这是练习日语思维、听解记忆以及理解高语速、长句子的日语表达的好方法，所以，在听解熟悉内容时可以在这个方面多做指导性训练。

第一，一次性听解。集中注意力，对一个语言材料不要反复中断复听，要多做一次性听完所有内容的听解练习。

第二，联想与直接理解。静听正常语速的语言材料，体会"身临其境"的听觉表象在脑海里浮现的感觉。力求不经翻译、分析地直接理解材料内容。

第三，仿说。仿说是练习听解记忆的好方法。最初进行仿说练习的时候，一般都是先从词语或者是简短的语句来展开，伴随着训练的不断深入，要将仿说的目标明确到能够尽可能地将整个语句表达出来。进行仿说的时候，对声音的大小虽然没有明确的要求，但是，在环境合适的时候，要尽可能地发出声音进行模仿，尽可能和表述者的语速相吻合。

第四，重视理解语意的训练。由于内容都是比较了解的，因此，针对表述者的情感展示以及说话的语气就能够准确理解到位。所以，一定要在这种环境中忽略其产生的影响，更加专注地投入语意的练习中。在进行听解练习的时候，放在第一位的一定是对语意的领会，这样在学习日语的时候，就能更好地培养出一边听一边理解的习惯。

（5）听记陌生内容的训练策略。利用陌生的语言材料进行听解练习时，往往因为难以达到一次听解，所以学生不容易获得学习成就感，因此需要鼓励学习者有克服困难、挑战自我的勇气和决心。听记陌生语言材料通常会因为词语或句法的陌生而导致听的中断，所以，对连续听解能力的培养就至为重要。

第一，笔录或速记训练。针对那些听到的信息要做到能够迅速地一边听一边进行记录，及时地掌握那些听到信息的主题和重点，这样一来就能更好地助力学生增强记忆和领会文章的信息。例如，在进行记录时，对信息不要求做到详尽、字体工整，就要求本人可以看得出来，能够有一定的提示效果就行。不过，在进行记录的时候，必须要有序进行，避免出现条件关系与因果关系相混淆。在每一次交流完结的时候，进行分段，把它和下一次交流隔断开来。在环境合适的时候，能够另起一页进行记录，避免出现混乱。进行笔录的时候，能够使用替名，同时也可以用音译汉语，但是，一般不要直接译成中文，这样就可以避免思维来回转换。

第二，预测下文训练。借助录音的中间停顿，按照表述者所表达的语气和立场，去推断表述者想要表述的态度和理念与结果，还有所展示的语言表达方式等，针对交流的进程以及趋势展开预判。预判这种方式在听解的时候，只是一种潜意识活动，不要过度重视也不要将其忽视，把预判一直与对文章的理解相结合就是最好的状态，当信息或者是交流的内容和自身的预判不一致的时候，要赶紧进行调整，时刻与交流者的思路保持一致。

第三，连续思维。要具备高水平的听解，对学习者思维的转换速度与注意力的集中情况以及反应速度，有着较高的要求。除此之外，也要让思维一直处在持续运转的状态下。让整个大脑一直处在兴奋的情况下来对话题信息进行聆听，能够做到展开想象、进行分析、开展推论，尽可能地根据语言的基本形态来对信息进行解读。

（6）长时间听解能力训练。刚接触日语的学生，如果进行 10 分钟以上的听解训练，大脑会有疲倦之感，甚至会忘记已学内容。所以，教师通过一些科学的方式，慢慢延长学生的训练时间，但这一过程不能一蹴而就，必须循序渐进，最开始进行简单的听力训练，最好控制在 3~5 分钟，到后面能听较长的演讲，能超过半个小时，甚至达到一个小时。

第一，听解材料的选择。教师对训练资料的选取尤为重要，必须做到因材施教、循序渐进。对于刚开始学习的学生，应该选择内容简单的、字数最少的文章，然后根据其学习能力的增强，再慢慢增加难度。为了激发学生的学习兴趣，所选文章最好要有意思。还有，最好每个阶段都以一个中心思想为内容。

第二，逐步延长训练时间。开始进行学习的时间最好停留在 3~5 分钟，不过，随后的 5~10 分钟可以用回忆课文的主要内容和提出质疑的方式进行训练，再进行 3~5 分钟的听解练习。如此再三进行练习，然后根据实际情况慢慢增加学习时间。

（7）提取谈话主题或中心策略。如果听者不善于对所听内容进行综合和概括，往往会不分主次，过分注意细节，如个别词或句型等，结果很难抓住谈话的主题或中心。因此，听的过程中的综合与概括能力也是听的能力要素之一。提取谈话主题或中心的听解训练主要通过泛听来完成。

第一，提问回答。通过选择式、判断式、讨论等形式的提问练习题目，检查对文章或语段的中心或主题的理解。

第二，转述或译述话语内容。这种方式不仅能很好地看出学生们的掌握情况，还能进行口语训练。学生复述的内容清楚，描述的细节详细，那么就证明其听解能力强。根据学生学习的一般规律，可以分为三个阶段：不按照文章内容进行转述——按照文章内容进行复述——不按照文章内容进行评述。因为刚进行学习的时候，听解能力有限，不能全部听懂，只能一知半解地进行转述。不过，若是能把握重点，大致意思相近就可以了。随着听解能力的提高，学习者能听懂全文，所以，可以按照文章内容进行准确地复述。之后，听解能力更强了，就能用自己的话，加上自己的理解、评价进行评述。

第三，给所听内容拟标题。标题是对话语内容的高度概括，为所听内容拟题，是检验自己听解准确度的最为快捷的方法。

第四，就听过的内容进行评论。学习者在学习的过程中，可能会遇到类似的问题，听一次甚至是数次听同一篇文章仍旧无法明确其中的主旨。这是因为我们在使用非母语时，理解水平就会大幅度下降。这个时候，教师可以让学习者根据自己的理解进行交流，这样不仅有利于学生理解，而且可以提高口语能力。

特别需要注意的是，日语和汉语一样也具有多音字，还有一些词发音相同，但是，意思却截然不同。遇到这些情况，学习者必须根据课文内容去确定词义。

语言知识丰富的程度，直接影响学习者的听解能力。所谓语言知识，不仅停留在熟记基本的字词、语法上，更重要的是熟悉时事要点、人文历史、各地风俗等。很多学习者仅停留在字词上，遇到涉及时政、文化、经济的文章就束手无策了。因此听的能力培养不是孤立的，单纯依靠反复听只会耽误许多宝贵的教学时间，必须结合语言结构的学习、语言文化的学习以及其他言语技能的学习成果，采取适当的教学策略，才能收到事半功倍的效果。

四、日语阅读的教育教学

"日语阅读课程是日语专业学生的一门重要的专业必修课，主要培养学生的阅读能力，对学生综合能力的提高起着非常重要的作用"①。

针对中国学生和欧美学生的阅读教学指导策略有很大差异，这是由于日语中的当用汉字为中国学习者提供了便捷，对于识记汉字的中国学习者而言，虽然不能准确读出日语中

---

① 陈朝阳. 试论日语阅读教学 [J]. 考试周刊，2012 (8)：85.

中文字的发音，但是能够大概推测出整句的意思。但同时因为日语中存在假名词汇，所以有些情况下能够准确读出发音，却无法理解其中的意思。所以，中国的学习者在学习日语时，日语文字的读音、字形以及字义等常常会出现脱节。要想真正具备基础的日语阅读能力，首先要学习将日语的读音、字形、字义有机结合起来，先通过视觉将声音的符号分辨清楚，将这种声音符号同它所代表的意思联系在一起，再去对文字所表达的内容加以理解，这样才能提升基本的阅读能力。

阅读的过程实际上是应用已经学到的日语知识的过程，同时也是积累和吸收新的语言知识及材料的过程。同日语阅读不同，其他的学习过程实际上是一种知识的输出过程，如写作、口语和听力。所以，日语阅读与其他语言技能的使用有所不同。

一方面，阅读实际上是一种读者与作者无声的交流过程。首先，阅读是以书面形式进行的交际活动。阅读过程中所使用的是一种特殊的语言，这种语言以文字作为其外部的表现形式，是借助视觉器官来接受外部信息的活动；其次，阅读是一种单向的交际方式。作品中的文字、标点、标记等都可以作为一种手段，由作者向读者传递自己想要表达的信息。当读者出现疑问时，既无法立刻向作者提出问题，也无法去验证读者对作品的理解是否准确；再次，阅读是作者与读者间进行交际的一种过程。通过对作品的阅读，作者想要表达的思想以及意图能够被读者所感受到。这个过程并不是简单、被动地接收信息，而是读者将自身的感受、以往的经验融入所阅读的作品之中，在此基础上与作者产生共鸣。因此，阅读也是一种读者的创造性活动。

另一方面，阅读是读者针对作品进行主动思维的一种过程。读者在阅读文字材料时，先要识别其中的词汇、假名以及句子的基本结构，在此基础上去追寻作者的思路，这样才能正确理解和把握语言材料的实质性内容。阅读的过程中，读者接受不到语境、手势、表情以及身体语言的相关提示，只有通过文字符号来对语境加以感知。因此，读者要一边进行思考，一边加以理解，同时还要兼顾识别，只有读者综合运用自身的判断能力、分析能力以及思维能力，阅读的过程才能实现，因此阅读是一种思维的活动。

如果从阅读心理的角度来分析，读者阅读文字材料，并不是单纯为了感知其中的语言符号，最终的目的是为了对所阅读的语言材料加以理解。如果按照阅读时的心理过程来划分，阅读可以被分为两种：一种是分析性阅读。这种阅读，读者会对所阅读的材料进行全面分析，有时还会用到翻译功能，通过自己的推理，间接性地对文字材料加以理解。在日语学习的初级阶段，这种阅读方式能够促进日语学习的有效进行。另一种是综合性阅读。这是一种不通过翻译，直接对文字材料加以理解的阅读过程，日语学习的最终目标就是实现这种阅读能力。综合性阅读要以分析性阅读作为基础，而分析性阅读行为也穿插在综合性阅读的过程中。这两种阅读方式之间有着一定的联系，无法被严格分割开来。

如果按照阅读目的来区分，阅读可以被分为四种形式：一是略读。这是为了获取特定的信息而进行的一种粗浅、简略的阅读方式；二是速读。这种阅读方式的目的是为了对文章的大致意思进行了解；三是精读。这是以全面、准确地理解文字材料为目的而进行的详细阅读；四是平读。这种阅读的目的是为了读后对该文字材料作出评价，用以判断作者的观点与读者的观点存在的不同之处。在学习日语的过程中，经常采用的阅读方式还包括文章朗读、文章默读、文章泛读和文章精读等，在通常的学习任务中，都不包括速读以及略读，但这两种阅读方式也是阅读能力的重要标志。

在日语教学活动中存在着不同的流派，在学习者对于文字材料的阅读能力方面，这些流派始终都存在着分歧。在语法翻译法流派看来，阅读实际上就是分析句子景象语法的过程，只要能够将每一句的语法清楚地分析出来，学习者就具备了相应的阅读能力；在直接法流派看来，口语能力最终会发展成为阅读能力，并不需要刻意去培养学习者的阅读能力，在学习的过程中多阅读就能具备阅读能力；在口语法流派看来，阅读能力属于一种语言方面的能力，学习者如果能够具备足够的词汇量，并且熟悉语法的基本规则，就已经掌握了基本的阅读能力。实际上这几种认识都有其片面性。阅读是一种推理的过程，在此过程中，读者通过自身的视觉器官去对语言材料进行感知，层层识别，最终加以理解。阅读是借助文字材料去获得相关的语言知识的一种行为，也是一种能力，通过阅读，学习者能够从中掌握各种技能，获取更多知识。培养学生日语（作为外语）独立阅读的能力是日语教学的目的之一。

阅读能力即是感知、识别和理解语言材料的能力。具体而言，它包括辨认词、词组、句子结构的能力；把握段落中心思想和作者思想的能力；弄清句、段之间的关系和诸如指示代词的实际内容等方面的能力；对文章整体的综合理解的能力等。

（一）日语阅读教育教学的要点

1. 提高日语阅读速度

根据教学大纲的规定，在语言学习的初级阶段，阅读的速度应当达到1分钟50~80个词；在语言学习的高级阶段，阅读的速度应当达到1分钟100~130个词。学习者刚开始进行阅读练习时，因为尚不熟悉文中的词汇、日语的使用规则，加之对文中的内容较为陌生，所以，达到大纲的要求比较困难，只有不断地进行训练才能提高阅读的效率。

2. 准确理解日语语言

日语中助词和助动词的广泛使用，使日语的复句与单句不同于汉语，语序也不影响语意，长修饰语在句子中也使用频繁，这就造成人们难以理解语句意义或文章宗旨，必须反复阅读才能准确理解。这也是导致阅读速度慢的原因之一。

3. 保持日语阅读兴趣

学习者在阅读文章时，如果遇到不理解的语法或不认识的生词，往往会停止阅读去查找生词或去确认语法的使用。原本连贯性的阅读过程就被迫中断，阅读的过程实际上就成为生词和语法学习的过程。如果阅读时反复出现这种中断的情况，学习者阅读的兴趣就会降低，就会感受到阅读的压力，从而产生对阅读行为的抵触心理，最终导致对阅读行为的放弃。这种情况在学习者中经常出现。

如何保持对日语阅读的兴趣，首先，选择适合自己水平的读物，从容易到适中难度的书籍逐渐尝试，避免过于复杂的内容让阅读成为负担；其次，多样化阅读内容，包括小说、新闻、漫画等，以不同领域的文本拓展词汇和语法。定期设立阅读时间，形成习惯，培养耐心和毅力。最重要的是享受阅读过程，将其视为一种愉悦的活动，而非单一的学习任务，这样能更好地保持对日语阅读的热情。

4. 合理运用日语工具书

阅读过程中并不排除使用工具书，重要的是应学会使用工具书的方法。有些学习者因为觉得烦琐，不愿意使用工具书，有些学习者又对工具书产生过度的依赖，完全用工具书代替自身对知识及词汇的记忆，以上两种做法都不正确。在阅读的过程中，如果不会正确使用工具书，会降低阅读的准确性，影响阅读的速度，也难以调动起阅读的兴趣，所以指导学生有效使用工具书也是阅读教学的重要任务。

5. 培养日语阅读的想象推理等思维能力

为培养日语阅读的想象、推理等思维能力：①可通过挑战不同文体、风格的文章，鼓励自己预测情节发展，思考作者意图；②尝试解读复杂句式，理解上下文关系，加深对词汇用法的理解；③定期进行阅读理解练习，积累分析文本的经验；④参与相关讨论，分享看法，开拓思维；⑤培养对日语阅读的深层次理解和联想，促使思维在解读文本中更加灵活有趣。

（二）日语阅读能力的培养策略

1. "四环节" 阅读策略

四环节阅读策略指的是阅读者对文章进行综合和概括，将记忆的范围逐渐缩小，在最短的时间内阅读完全部内容的阅读方式。在吸收新知识时，适宜使用这种阅读方式，尤其是在阅读需要进行材料记忆时。四环节阅读策略包括四个步骤：第一步为精读材料，第二步为编写提纲，第三步为尝试背诵，第四步为有效强化。

（1）精读材料。精读材料指的是针对自己将要学习的内容，找出其中的重点，认真进行阅读，按照材料所显示出的重要程度以及不同类型去分析并掌握重点内容、学习难点，分析和理解各个知识点之间存在的联系，构建起大脑中的知识网。

第一，重视日语中的接续词、指示代词的应用，准确把握日语句与句、语段与语段、上下文之间的关系。

第二，对陌生词汇、语法现象等要通过查找资料弄清楚，免误解语义。

第三，对学生不熟悉领域的文章，事先布置阅读相关的母语资料，以帮助阅读理解的顺利实现。

第四，应用划线策略、提取中心词策略等，找出文章中的核心词、语句，从而在把握文章的中心意义的前提下通篇阅读。

（2）编写提纲。编写提纲即在理解所学内容的基础上细致地进行筛选、概括、总结、组织，然后根据材料的性质，用自己的语言，简明扼要地编写提纲，如每篇划分为几个部分，每个部分划分为几个段落、每一段概括为一句话等，从而使文章核心清晰直观地展现出来。编写提纲是提高阅读者智力活动积极有效的方法。层次分明、逻辑性强的提纲便于记忆和保持，有利于再现材料的"意义依据"。

在对日语文章进行编写提纲时，可以采用"六个W"提问策略，即WHEN（何时）、WHERE（何地）、WHAT（什么）、WHO（谁）、WHY（为什么）、HOW（如何），同时注意：①找出各种有关时间的数字信息。②所读材料的主要内容是什么，选择某个疑问的正确回答。③作者想要说明的问题是什么，概括主人公从事某种活动的主要理由。④了解作者的态度并确定自己是否同意作者的观点。⑤对某事件作出归纳和解释。

在日语文章当中，通常标题都很重要。另外，每个段落的前一句话及结尾都是文章的重点。在提高阅读能力和写作能力的训练中，都有由提纲编写的内容，这两种提纲编写内容的作用和技巧有着相似之处，学习者可以将两种编写方式进行对比，相互借鉴。

（3）尝试背诵。尝试背诵是指对照着提纲对文章的内容进行回忆，遇到记忆不清或理解不透的地方时，再翻阅书本进行核对或作出反馈，针对这些相对薄弱的环节加强记忆或理解，之后再进行一次反馈。通过这一过程，阅读材料才能被内化。在阅读理解阶段所进行的背诵同对文章的全文记忆还有所不同，这一阶段最主要的是要将文章的主题及脉络辨析清楚。这种方法有助于更好地理解全篇文章，尤其是在阅读一些科普类或篇幅较长的小说时，刻意去记忆文章的提纲，有利于读者对文章保持较长时间的记忆。

（4）有效强化。有效强化指的是读者通过阅读总结出文章的核心内容，抓住概念的实质以及内涵，将文章的提纲压缩成为简纲，然后用简短的语言进行概括，将文章中的话语浓缩成为简要的几个字。再对这些简纲进行记忆，让大脑对整个文章保持一个较为长久的记忆。

2. 阅读速度提高的策略

人们在阅读速度上存在着很大的差异，特别是日语的阅读速度，直接受读者对所读语言材料在语言学、文章内容等方面熟练程度的制约，快慢之分显著。这里需要指出的是，理解文章是学习者进行阅读训练的最终目的，如果只为求快，而不去对文章的内容进行理解，这种阅读是无益的。加快阅读的速度实际上应该是加快理解的速度。所以，要想真正使阅读的速度有所提高，首先要寻找造成阅读速度较慢的真正原因。

通常造成阅读速度慢的原因有：①阅读时不专心，例如阅读的同时听别人讲话或听广播、音乐等；②掌握的日语词汇量不够；③不会根据不同的材料和自己的阅读目的来调整阅读速度；④已经养成慢吞吞阅读的习惯，思维不能很好地紧张起来、活跃起来；⑤阅读时总是不知不觉地读出声音来。⑥在提高自己阅读速度的训练中过分依赖加快眼球运动，以达到提速的目的。

从上述分析中可知，语言基础、文章背景等因素导致的阅读速度慢，可以通过事先查找资料等方式，进行精读训练；而由阅读习惯等导致的影响阅读速度的问题，必须采取相应的措施加以克服。

（1）定时训练。语言的学习者必须定期抽出相应的时间来进行阅读训练，这种训练起码要坚持3~4周的时间，每天的阅读时间不应少于30分钟，阅读时间应当安排在不会受到干扰的清晨或入睡前。

（2）视读习惯。在阅读文字时，通常默读的速度比诵读和低声诵读的速度都要快。因此，只有习惯于默读，将听觉、视觉以及触觉联动起来，调动起推测、感知与识别的功能，才能让自身的阅读速度真正得到提高。在日语教学中，教师往往建议学生高声对文章进行诵读，目的是为了通过提高声音来刺激学习者的大脑皮层。虽然看上去这样做与默读是相互矛盾的，但是，学生在经过一段时间的训练后，能够同时具备这两种阅读能力。

（3）视幅训练。初学日语者一般视幅不宽，阅读时视线往往逐词停留。而心理学实验表明，一般人的视幅约达4~6厘米，即覆盖204个左右的假名或汉字，阅读4~6个单词。因此，一般人的阅读速度每分钟约为250~300个词。但是初学者的阅读速度每分钟只有50~60个词，因此通过扩大视幅来提高阅读速度，很有潜力。

（4）阅读单位。刚开始学习语言时，学习者面对一篇文章，会对每个词逐一地去阅读、逐一地去理解，如果从获取信息的角度出发，这种阅读方式会非常浪费时间。因为并非每一个词都会去单独传达某种信息，因此，学习者要习惯于将阅读单位扩大化，由原来逐字逐句的阅读理解发展成为对整个句子语义的理解，将阅读的速度从整体上提升起来。

（5）关键词句。如果阅读者未能掌握阅读的技巧，他就会将注意力平均分配给每一个阅读单位，阅读时间也会被平均分配给所有阅读元素。但实际上，每个阅读单位所承载的信息量并不完全相同，在阅读交际过程中的作用也有大有小。例如，有些词汇的信息量就比较大，是一句话中心意思的承载之处，也是所谓的"关键词"，而有些词汇仅仅是组成语句结构的一种符号。以意群为例，在日语中，谓语通常会被用在句尾，与主语相比，它所产生的交际作用更大，原因在于主语通常传递的是已经获知的信息，而谓语所传递的是未知的相关信息。而文章中的句子和段落也是如此，它们在一篇文章中所产生的交际作用也是有差别的。所以，阅读者应当将自己的注意力放在文章中的关键词上，也是就那些集中承载着信息量的、交际作用明显的词与名上，这样才能令自己的阅读速度真正得到提升。

（6）预测。日语语言是含蓄的，通常不使用直接的肯定或否定的表达方式。因此在语言的构成上，大量的副词暗含着谓语要表达的肯定或否定、推测、断定、意志等语气。通过副词推测语句谓语是提高阅读速度的一个手段。此外，通过了解和分析文章中人物的不同身份、故事发展的情节、整体的具体经过，并且借助过去了解到的日本传统文化、社会状况等方面的知识以及积累的相关经验，去推测所阅读的文章中相关事件的基本趋势，得出大致的结论，这样一方面能够避免一些陌生词汇给阅读造成的障碍；另一方面能够加强对文章中心的注意程度，是提高阅读速度的一个好方法。

（7）选择阅读材料。在阅读训练的初期，应当选择一些容易理解，篇幅简短的材料。例如，日文报纸的一些报道，用日语讲述的小故事，日语报刊及杂志上发表的一些小文章等。随着阅读能力的提高，逐步增加阅读材料的难度以及篇幅。而且选择阅读材料时还应注意，材料的难易程度要与学习者当时的语言掌握程度相符，生词量和陌生记法量应当控制在全文的3%以内。

（8）时间管理。学习者在能够理解全文的前提下，应当尽可能加快阅读的速度，而且详细记录下自己阅读这些材料所使用的时间，然后根据文章的字数来估算自己实际的阅读速度。最佳的做法是设计一个简单的表格，将自己阅读的时间、效率、内容逐一记录下来。按照这种训练方法，经过两周后，学习者的阅读速度大多会有明显提升，而且阅读水平也会保持在平稳的状态。

（9）阅读标准。要以准确理解为目标，不能只图快。还要注意克服习惯性"回读"

（即一句话或一段话反复读几遍）和"边读边翻译"的习惯。尽量要用日语的思维方式领会理解文章所表达的内容。

3. 阅读理解能力提高策略

不论是采用分析性阅读方法还是综合性阅读方法，前提都是要对语言材料进行充分地理解。有很多因素都会影响到综合性阅读的能力。例如，阅读者自身的智力水平，所具备的生理条件，对语言学习的兴趣，自身的性格特点，原有的日语基础，所拥有的社会背景以及经济文化条件等。阅读的效果如何，在很大程度上取决于学习者的努力，但是，经过系统有效的阅读训练，阅读者的潜力同样可以得到挖掘，培养出更有效的阅读习惯，使阅读能力得到明显提升。

（1）精选阅读材料。精选阅读材料是指对学习者而言供综合性阅读使用的材料，应该是比较容易理解和接受的，否则就需要经过翻译语句来理解文章意义，失去训练日语思维的机会。如果阅读材料中生词过多，难免不停地查字典；句子结构过分复杂，每句都要反复推敲，也会使读者失去阅读的兴趣。因此综合性阅读的材料要以熟悉的词汇和语法结构为基础，即使是有少量的生词也应该是可以推测其意义的。

（2）阅读准备。面对一本书时，如果想取得良好的阅读效果，就要先去读它的序和目录，而不能不顾章节、不顾顺序拿起就读，或者只读其中的一些章节，这样只能形成一些知识的碎片，难以全面理解整个文章或图书的内容，也无法形成完整的知识框架。每一部书的序言都会对文章写作的具体背景、写作的最终目的、写作的一些特点进行归纳，由他人所做的序中，还会包括他人对作品及作者的评价及认识，这些内容对于理解全文具有很大的价值。

目录构成了整个作品的基本框架，特别是一些理论性的、科学类的作品，读者可以通过目录清晰地了解整个作品的框架，阅读完毕后，就能在头脑中形成一个完整的知识体系，而不仅仅是一些碎片化的知识点。

阅读准备还包括对所阅读作品的历史背景、作家、作品分析等内容的资料查找和阅读。这会为有效地理解作品提供帮助。

（3）提高阅读兴趣。只有阅读者对所阅读的材料真正感兴趣，才能让自己的阅读理解水平有实质上的提升。在阅读的过程中，要做好各个环节的监控工作。例如，合理选择阅读的内容，提前确立阅读的目的，预先安排阅读的任务，明确规定阅读的时间等，这样才能从被动阅读的状态转变为主动阅读的状态，也才能真正提高学习者对阅读的兴趣。

（4）多种形式的阅读。我们在阅读时最常用的是默读的方式。这种方式相对于朗读，对于语言材料的准确理解更为有效。但需要对默读的时间进行有效控制，要控制合理的阅读时长。如果阅读时间过长，有些学习者的自制力就会下降，出现注意力分散、效率下降的情况。所以，应当提前对阅读时间进行规划，并且加入小组讨论、交流阅读感受、回答问题等内容，将阅读时间安排得更加合理、目的性更强。还可以采用的方法有：如果一篇文章的篇幅较长，则可以将其分为若干部分，对其中的大部分内容要求学生进行默读，而对于其中的小部分则要求学生诵读，这样通过形式上的变化，可以减少阅读中的枯燥感。

（5）工具书的应用。要按照阅读的具体内容以及阅读的不同目的，来确定工具书的使用方法。在精读的过程中，提倡多使用工具书，在进行泛读的过程中，则应少使用工具书。在泛读时，如果遇到一些与文章主题有着密切关联的语法或词汇时，再去使用工具书。而如果能够通过上下文的意思或文章的脉络猜测出大致的意思，则不必过多地使用工具书，这样才能避免日语思维被打断，阻碍对文章的整体理解。工具书一般指的是辞典。当日语学习到了一定阶段后，就应当开始使用原文的工具书，这样不仅能够增加日语的词汇量以及使用频率，提高对日语文字的理解和阅读能力，而且对于日语词汇的正确理解也十分有益。

工具书的选择也要有一个由浅入深逐渐过渡的过程。有条件的学习者开始可以选择各种版本的日汉或汉日辞典，随着语言学习程度的提高，可以选用《新明解国语辞典》《广词苑》等原版工具书。在使用原版工具书时，对于日语注释部分出现的生词等可以参考汉日对译辞典的注释理解。

目前面向日语学习者的电子辞书更新换代比较快，卡西欧等专业电子辞书中不仅包含日语、汉语、英语词典内容，甚至还包括日语能力1级、2级考试辅导练习题，词典配置标准日语读音，功能近乎于一个学习机。由于电子词典体积小、容量大、功能齐备，学习者使用时操作便捷，教学指导上一方面鼓励学生充分利用，以帮助学习，另一方面还要避免过度依赖电子词典，以免语言积累中的主动记忆意愿降低，记忆效果受影响。

（6）教师激励和学生自我激励。阅读是个有趣的活动，但是带着学习任务的阅读有时会给学生带来压力，使其感觉阅读困难，甚至失去阅读兴趣和信心。此时教师对阅读的任务的有意义设计、教师给予学生的鼓励和表扬、学生的自我肯定，都可以增进学习的自信，从而激发继续努力战胜困难的勇气。

第三节　日语教育中的课堂教学质量

在"素质教育"的影响下，教育教学质量是高校的生命线，教育教学质量的提高已成为高校走向成功的关键，培养创新型人才更成为当务之急。对于日语专业的学生来说，高校的日语教育教学水准决定了他们是否能够成为创新型日语人才。

一、提高日语教师自身素质

教师的素质直接影响学生的素质。因此，只有创新型日语教师才能培养出创新型日语人才，日语教师自身素质的提高是适应时代需求，迎接日语教育、教学改革挑战的首要条件。

(一) 创新日语教师教学理念

教师树立正确的创新性日语教育教学理念是为了要培养出具有创新意识、创新精神和创新能力的日语人才。随着科学技术的发展，对日语教师的要求越来越严格，要求日语教师以知识和技能的传授为载体，依据日语专业学生的专业特点和个性特征，培养日语专业学生的综合素质和实践应用能力，并根据日语专业学生的个性差异设计多元的评价体系，为日语专业学生的成才和成长创造更好的育人环境，不断提高高等院校的教学教育质量，教师认真倾听学生的心声和观点已成为日常教学中的关键，通过启发教育，潜移默化地将学生各自鲜明的个性导向正确的方向是教学工作的重要环节。

高校教师需要积极营造充满生机活力的课堂教学运行体系，激励学生迸发创造的热情和火花，令学生主动地将自己的思考、灵感及兴致投入课堂活动中去，使课堂教学变成一个呈现丰富性、知识性和趣味性的舞台。

(二) 完善日语教师知识能力结构

高素质教师知识的能力结构是对当代高校教师的高要求、高标准。日语教师不仅要具有丰富的专业知识、科研知识，还需具备其他与日语教育相关联的理论知识和实践知识，以及从事日语教育活动所必须具备的各项业务能力，其中不仅包括富有表现力和说服力的言语能力、能够根据学生的不同情况或意外情况，随机应变的应对能力和因材施教的能力等。

信息技术能力与终身学习的理念是未来高校日语教师必须具备的重要能力之一，高校日语教师更要将这一理念言传身教地传授给学生，培养日语专业学生终身学习的理念和习惯，为他们日后走向社会打下扎实的基础。日语教师综合能力的提高直接影响日语专业学生的成长，日语教师的能力结构是培养创新日语人才的关键，这一简单的道理不言而喻，需要全体日语教师共同努力。

日语知识能力结构的完善与综合素质的提高皆源自实践活动，体现了实践能力水平。因此，高校日语教师应尽可能多地积极参与社会和企业组织的各项实践活动。教师需要通过实地演练、经验收集、技术训练，在实践中通过长期体验、反思、总结、评判、感悟和领会，不断提高自身的素质，逐步将知识能力结构进行合理整合，才能在日语教育教学实践中更好地培养高素质创新型日语人才，才能更好地服务于日语专业学生，协助日语专业学生的身心健康成长。

二、提升日语教学整体环境

（一）培养高质量日语教学团队

日语教育教学质量的关键是培养高质量日语教学团队，该团队要求每位日语教师都要有前沿的教育理念、丰富的文化知识、熟练的教学能力以及积极进取、不断探索和无私奉献的精神，日语教师们齐心协力的奉献才能创造出优异的日语教育教学成果。

高质量日语教学团队的形成，要求全体日语教师在专业带头人的带领下，及时跟踪产业发展趋势和行业动态，准确把握专业建设与教学改革方向，不断改进和完善教学内容和方法，提高自身的日语教学水平和素质能力，实现日语团队的可持续发展。

（二）营造良好的日语学习环境

学习环境具有暗示和引导作用，为日语专业学生营造一个良好的学习环境是日语教育教学质量提高的保证。高校不仅是社会文化的传播者，同时更是社会文明的传播中心，是培养创新型日语人才的坚实基地。

高校要为学生营造一个良好的学习环境，将学生的兴趣和爱好引导到学习上。高校可根据自身情况努力构建和谐校园文化，搭建互联网和远程教育网，选择适合本校实际的优质教育资源，建立校园网，建立网络教室，给教师和学生探寻学习资料提供广阔的空间，创建学习和借鉴优质教学资源的平台。通过各式平台拓宽师生视野、拓展师生思维，增强师生的创新能力，提高学生的学习自主权和灵活性，为教学优化注入新活力，有助于培养具有鲜活个性的多样化、应用型人才。

（三）家长与社会对日语教学支持

家庭教育、社会教育和高校教育是相辅相成，家庭教育是高校日语教育的重要补充部分，也是学生身心健康发展的重要因素。随着高校素质教育的不断深入发展，日语教学需要利用社会和家长作为进行教育指导和服务的载体，寻求社会和家长的大力配合，使其成为沟通高校教育、家庭教育、社会教育的重要渠道，为提高日语教学质量发挥功效。

高校加强对社会、家长关系的处理，拉近高校、家长、社会的距离，增强家长们对高校的信任度；谦虚听取家长们和来自社会各方的建议，致力于优质资源的选用。

教师和家长的良好合作有利于培养学生良好的学习和生活习惯，帮助学生发展成长；同样，教师在解决和帮助各类困难学生的实践中，也提高了教师的教育教学水平。教师、家长、社会三方之间应协力架起信任、友爱的桥梁，共同努力创建一个民主平等、公平合理、和谐互爱的互帮互助平台，共同探讨和研究培养应用型人才的良方，只有这样教学环境整体水平才会得到大幅度的提升。

第五章 日语教学模式的具体构建与延展

第一节　日语教学的翻转课堂模式构建

大数据时代背景下，伴随着新理念和新技术的不断涌现，信息技术与课程的整合也日渐深化。当下，翻转课堂成为国内外教育改革的新浪潮，为教与学的进一步发展拓展了教学思路。

翻转课堂（也有译为颠倒课堂或颠倒教室）起源于美国科罗拉多州落基山林地公园高中的两位化学教师乔恩·伯格曼和亚伦·山姆。翻转课堂就是在信息化环境中，学生在上课前完成教师提供的教学视频等学习资源的观看和作业，在课堂上由师生共同完成作业答疑、协作探究和互动交流等活动的一种新型教学模式。翻转课堂与传统课堂相比，其优势在于将学习者置于一个以问题为主要线索的教学活动环境，翻转课堂不以教学视频为核心，而是将探究性学习和基于项目学习带来的自主学习，以及对传统教学流程的颠覆和"以学生为本"理念作为真正的意义所在。翻转课堂具有以下优势：

第一，翻转课堂首先翻转的是教育理念，翻转课堂从根本上颠覆了传统的知识传递与内化的过程，是真正贯彻"学生主体，教师主导"的教学良策，是一场教育理念创新的革命。

第二，翻转课堂的在线资源包的开发和应用是优质教育资源的共享，有助于向不同的学生提供高质量、多样化的教育服务，有利于培养过程的改革和人才培养类型层次结构的架构。

第三，翻转课堂翻转了传统的教学流程，学生课下学习知识性内容，课堂上内化知识、准确认知、巩固提高，既推动了教学方法和模式改革，也有助于整合传统课程结构，如专业基础课课堂教学的知识传授压力减小，能力训练的时间增强，可以适当合并听力课和会话课，相对扩大综合日语（精读）课的教学时数等，调整优化学科专业结构，建立教学内容的更新机制，推进课程改革，促进教材结构、体例更新，从而真正做到深化教育教学改革。

第四，翻转课堂无论是课上还是课下，都强调学生创新学习、积极思考、主动参与、提高能力素质，其在教学方法上更加注重发挥学生的主体作用，提高实践能力。高校人才培养质量改革方案的突破口在于提升学生的实践能力，推进素质教育，着力提升学生的社会责任感、创新精神和实践能力。

第五，翻转课堂的在线实时评估和系统评估系统的应用，为实现"摒弃唯考试评价、唯分数论"提供了可能；学生线上线下自主学习能力的训练，为学生终身学习习惯的养成提供了帮助。

一、日语教学导入翻转课堂模式的必要性

"翻转课堂作为一种新型教学模式，是基于信息技术辅助下，专业教师结合教材内容开展的微课教学活动。在翻转课堂教学中，教师与学生之间交流互动更加频繁，学生能够积极主动参与到教师设计的各项教学活动中，共同去探究学习专业知识内容，完成教师布置的教学任务，学生在实践中能够培养自身的自主学习能力、应用能力和团队合作能力。"[1]

（一）提升学生自主学习的能力

在传统日语教学模式实施中，学生往往处于被动学习状态，缺乏在日语教学课堂上的学习主导权，要想满足自身的学习需求只能通过课外知识进行补充学习，长此以往学生容易在课堂上产生厌学抵触的学习心理情绪。而日语教师通过在日语教学过程中高效采用翻转课堂教学模式，将自身作为引导者，学生变成课堂主导者。教师提出问题后，学生之间以小组形式进行探究讨论，共同去总结出最佳学习方法和问题解决方案，这样不仅能够提升学生的日语自主学习能力，还可以培养学生对问题的思考分析能力。

（二）培养学生团队协作的意识

市场经济中的企业特别注重强调员工之间的相互合作精神，高校日语专业教师要结合这一特点，有针对性地加强学生团队协作意识的培养，而翻转课堂教学模式应用正是学生团队协作意识培养的重要途径。在翻转课堂日语教学中，教师可以根据教材内容和学生学习实际需求，组织引导学生开展小组互动、小组讨论等学习活动，让学生在小组队伍中相

---

① 尚雅顺. 翻转课堂模式在日语教学中的研究与应用 [J]. 现代交际, 2018 (13): 195.

互学习交流，对问题提出自身的观点和想法，这样有利于提升学生在日语学习过程中的团队协作配合能力和语言表达交际能力，促使学生在小组团队中构建出良好的竞争与合作关系。

（三）激发学生学习的兴趣

在翻转课堂教学中，日语教师引入应用了各种先进的信息化技术，这种新型教学模式能够有效增添课堂学习趣味，丰富日语课堂教学内容，对日语专业学生学习起到积极促进作用。例如，满足学生对日语学习的个性化发展、增强学生对日语学习的动机以及提供多种多样的课堂学习资源等。翻转课堂摆脱了传统教学模式时间与空间的限制，学生能够在各种渠道中获取学习最新的日语知识，这样不仅能够促使学生日语学习变得更加快捷方便，还可以最大限度满足学生对日语学习的各项需求，促使学生形成日语终身学习理念，保证学生对日语学习产生浓厚的兴趣，从而提升高校日语教学的综合水平。

二、日语教学导入翻转课堂模式的可行性

第一，翻转课堂的实践应用可以让学生自己掌控学习节奏。授课前，学习者可以根据自身情况，利用教学视频来合理安排和掌控自己的学习进程。学习者可以在完全轻松的氛围中完成这种课外或在家观看教学视频的过程。对于不会的、因分心而跟不上的部分可采取倒退重新观看的方式，避免在课堂集体教学方式中因不同原因而跟不上教学节奏的担忧。日语学习需要不断思考、不断记忆和不断巩固，这种方式让学习者可以自己掌握观看教学视频的节奏快慢，会的部分跳过或快进，思考的时候暂停，不明白的部分返回、反复观看，甚至还可以通过各种信息手段及时向日语教师或学习伙伴们寻求帮助。

第二，翻转课堂的实践应用可以重新建构学习流程。翻转课堂是对传统教学模式的颠覆，它不再局限于讲课，听课，作业三点。在翻转课堂中，学生会在上课前完成学习，课堂则变成了一个答疑解惑的环节，它帮助学生对学习的知识进行框架重构。对学生遇到的困难，教师可以提前了解，在课堂中可以对学生进行相应辅导。学生之间的交流可以帮助知识进行高效的吸收内化，从而使教育效果得到进一步提升。

第三，翻转课堂使日语课中的互动效果得到提升。其具体表现为教师与学生之间以及学生与学生之间的互动。教师由知识的呈现者转变为学生学习的指导者，通过角色的转变教师在课堂互动中的作用得以提升。教师可以有更加充足的时间与学生交流，在沟通的过程中了解学生存在的问题，并针对性的就学生存在的疑问进行解答。教师可以拥有充足的时间对学生存在的共性问题进行评价，让学生们建立辅导小组，通过小讲座的形式指导学

生如何解决问题。

当教师不再仅仅是内容的传递者时，也就有更多的时间和机会观察到学习者之间的互动。学生们会在自动学习过程中形成自己的日语协作小组，彼此学习、彼此借鉴和彼此帮助，而不是单纯地依靠教师。教师也逐渐不再成为知识的唯一传播者，这种改变是值得敬畏的。随着各自身份的转变，缩短了师生之间的距离，教师起到的作用是在引导学习者学习，而不是单纯地发出指令；学习者的任务则是探究学习，也不是单纯地接受指令。

三、日语教学导入翻转课堂模式的原则

（一）从培养计划出发，整体选择翻转课程

翻转课堂的目的在于实现对教育模式整体性的改变，而非简单的实现对某个学科或是课程的教学模式的变革。这并不代表着要让全部课程都应用翻转课堂模式。对于翻转课堂模式进行应用这一问题是传统教学设计中描述的教学流程或活动无法解决的。只有从教学内容、环境、资源以及教师的培训和课程内容等方面进行系统化的课堂教学改革，才可以适应如今的在线学习趋势。

翻转课堂所特有的内在特征从总体设计角度出发，对日语课程提出了要求。想要借助翻转课堂模式对日语教学方式进行改变，使教学质量得到提升，首先就需要实现全部课程设计的统一性，而非进行局部内容调整，其原因如下：

第一，进行课程安排时要实现相互之间的补充，其中包含课程内部的，以及不同课程之间的相互补充。例如，在同一天内，不要安排过多的翻转课堂，如果在同一天多次安排相同课程，就可以将包含翻转课堂在内的多种课型进行配合式安排。

第二，教师所安排的时间总量。除日常教学外，高校中的日语教师还需兼顾科研任务，还有一部分需要进行事务性工作。教师对翻转课堂进行研究的时间会因其他非教学事务受到挤压。此时，实施翻转课堂会因教师没有充足的时间而受到影响。

第三，学生所具有的总的自学时间。每一天中，学生只有有限的时间来完成作业。将翻转课堂任务设置在每门课后，会给学生带来过重的学业负担，此时的学习效果无法达到最佳水平。所以对翻转课程的设计需要考虑其合理性，在什么样的课程、什么样的课程内容以及哪一个时间段进行开展，都应有所考虑。不同的教学计划，以及对人才进行培养的具体方案进行设计，规范化的统一安排，会使教学中的多元化模式更加有效地在不同课程教学中进行应用。

（二）以偏重知识型和综合型课程为主的翻转

偏重技能型课程的教学任务主要是提高学习者对旧知识的熟练程度，新知识教学任务偏低，如果采取翻转课堂教学模式，可以考虑分阶段翻转（如写作课上归纳请求、道歉、允许等表达方式的总结性翻转）、分目标翻转（如听力会话课制作同话题场景视频短片等，提供课前学习话题、素材）。偏重技能型课程教学任务需要通过教师与学生面对面地进行思想交流、观点交锋、情感沟通、语言交际才能完成。而面对面教学正是传统课堂的优势，翻转课堂教学模式更重视学生的自我学习、自我体验，教师的责任是协助指导，在师生间思想交流和观点交锋方面，翻转课堂教学模式会弱于传统教学，偏重技能型课程的翻转难度较之偏重知识型课程要更大一些。因此，技能型课程的翻转建议要控制使用。

在课堂教学中，无论在知识型还是综合型的课程中在对课型进行选择时，课型的种类并非单一，其中还含有新授、复习、巩固、练习等多种课型。不同课型所包含的重、难点也不尽相同。后面几种课型均为将知识进行重复性内化的课程设置，而只有授新课能将知识首次进行内化，从翻转课堂具有的优势可以得知，授新课最适于翻转。

（三）以教材为中心的翻转

在实施翻转课堂教学模式时，要综合考虑每节课、每个知识点中的哪些内容"可以翻转"。

教材应当作为进行翻转内容选择时的根本依据，对知识点进行翻转的依据是教材中所包含的重难点。由于在教材编写过程中，将科学体系以及教学研究原则作为基础依据，面向的教学对象更具针对性，教材的内容逐渐深入、接近难点。在保证科学系统的同时兼顾连贯性和知识当中具有的内在联系，教材框架具有合理性，想要选择合适的知识点进行翻转，只需对教材进行合理分析。

在这样的教学模式下，学生可以在上课前对本节课程内容中听、读、了解、记忆以及初步的分析部分进行翻转。在课堂教学当中，可以在教师的引导下完成对知识应用方法的教学，对疑问的解答，教师可以组织学生进行讨论，帮助学生构建知识框架。

（四）合理设计制作网络资源包的翻转

在实施课堂翻转的过程中，制作网络资源包是关键所在，它直接影响着翻转方式。例如在"综合日语"教学过程中，句法是基础阶段的重点知识内容，在进行网络资源包制作时，应将语言的特点和规则作为重点考虑内容进行归纳和总结，从而帮助学生认知和记忆。除此之外，句法体系中的结构性相对较强，知识点呈现出板块性。因此，无论是知识点翻转还是知识体系中存在的架构，都应该被考虑在网络资源包的制作过程内。此时，我们可以对"阶段归纳、专题总结"方法进行应用。在安排翻转内容的数量时要进行合理设计，以保证内容对学生的学习是有利的。在高级阶段中，词法成为知识教学的重点内容，其不具有较强的体系结构，覆盖面较为宽广，此时对深度的展现就更加重要，以便加深学生对内容的理解。

（五）结合教学目标采取灵活课堂教学策略的翻转

在翻转课堂中，第二次知识内化相当重要，即课堂教学。学习互动是翻转课堂教学模式中最为主要的内容，其可以是学生之间或是教师与学生之间的互动。互动模式多种多样，根据教学对象、内容、条件以及环境等方面的不同可以进行灵活调整。从教学策略设计角度看，它既包含一般设计，同时还包含三个相对特殊的设计，教师可以对其进行使用。

第一，及时评价策略。及时评价策略是一种可以通过线上或线下进行评价的方式。其形式包含测验、作业或提问等。对于这一环节的加强可以帮助教师第一时间掌握学生学习情况，避免学生出现对知识理解不够深入的情况。其作用在强衔接性的课程中的表现尤为突出。

第二，课内翻转策略。无论是在教学的某一环节、还是整个流程中，翻转教学都可以被应用的。在传统教学模式中，通常情况下教师会在大部分时间内进行课程讲解，少数时间进行练习。在翻转教学中，可以对这一情况进行翻转，也就是让学生们先自主学习课程内容，接下来请教师对课程内容进行讲解，并且及时作出评价。这种全新的教学方式可以帮助学生更好地进行知识掌握。其与目前常用的翻转教学之间的差别在于它仅出现在某一节课堂中。无论是良构还是非良构知识均可以使用这种模式，不过也要与实际情况进行结合。

第三，角色翻转策略。所谓角色翻转策略就是在实际教学中将师生的角色互换，教师做学生，学生当教师（即小教师），让学生把自己所学的知识通过教给别人的方式进行领悟和应用。这种翻转模式的运用较为灵活，可以是小教师讲，学生听，也可以是学生先学习，然后小教师答疑。这种模式建议在良构知识范畴内运用。如果知识点过于复杂，学生理解不透的话，用小教师答疑，反而会影响整体教学进程。

四、基于翻转课堂模式的日语教学设计

基于翻转课堂教学模式下日语教师可以充分利用学校的网络资源，结合教材内容和学

生日语学习需求，有针对性地设计制作精美的日语课堂教学视频，尽量保证视频内容的丰富有趣性，能够有效吸引学生在日语课堂中的注意力，实现翻转课堂的教学目标。日语专业教师之间要加强相互讨论和研究，相互提供科学的日语视频教学方案，要注重不同学习层次的日语专业学生学习情况，分别录制准备好不同难度的视频，这样有利于不同学习层次学生均可以通过视频学习掌握相关日语知识。教师可以根据学生实际学习能力，将学生相互分成各个学习小组，小组成员之间讨论交流，共同探讨解决问题，这样一来就能够最大限度地提升学生的日语学习综合能力，帮助教师顺利完成课堂教学任务。一般而言，构建日语教学翻转课堂模式的步骤具体如下：

（一）日语教学课程设计的基础

日语课程设计基础：终端硬件支持与优质视频制作。每一位学生必须持有一个信息化终端，如上网本、学生电脑、手持式智能设备、电子书、电子书包等新型学习工具，如果缺乏硬件条件就无法实施这一模式。

（二）日语教学课程设计的保障

日语课程设计的保障：教师对教学资源包内容的选择和资源包制作。

第一，教师在对翻转知识点进行分析和选择时。需要将教学所要达到的目标，学生原本的基础，知识点之间的联系以及所具有的学科属性等多重因素考虑在内。

第二，教师需要对学生掌握新知识的详细情况进行准确把握，这样才能正确地进行学情分析，从而对学生存在的问题进行针对性指导。

第三，通过互联网建立师生交流平台。可以通过社交软件或网上学习云平台来进行视频，PPT或音频文件的分享；教师与学生之间可以进行单独对话，也可以进行多人讨论和留言。

第四，教师应该根据学习计划以及课程内容，对各种形式的学习资料进行筛选，保证学习资料的精简性。资料的形式包含有 PPT、音频、图书和视频等，资料的最佳时长在 20 分钟以内。同时，还需保证条理清晰，具有重点突出，语言精简，主题明确等，其主要目的在于帮助学生进行知识框架的搭建。

第五，在学习过程中，搭配相应的练习十分必要。练习的内容中需要包含对重难点知识的检测，思考的启发内容，知识点的整理和归纳等。在难易程度的选择上，最好保证学生能够独立完成，在题量安排方面，无须过多的题目。

第六，学生需要对资料进行查阅，教师要能为其提供相应资源的网络链接地址以支持学生。除此之外，教师还需要制作视频材料以及 PPT，设计练习题，或提供电子版参考书以及目录，使学生能够由理论转化为实践，推动学生思考。

第七，在学生进行在线学习时，教师可以通过云平台对其学习时间进行记录，从而对学习情况进行监控，根据作业的完成情况对教学话题进行准备。当个别学生自学遇到困难时对其进行帮助，对学生日常成绩进行记录，并以此换算为期末分数。

（三）日语教学课程设计的前提

日语课程设计的前提：学生较强的自主学习意识。

第一，学生在课下一定要自觉完成教师布置的学习任务，初步形成自己的理解并记录下疑惑之处，在课堂上教师将会通过各种活动帮助学生进一步深入理解并应用所学知识。

第二，积极参与课堂讨论。

第三，提高自己的信息素养，观看视频之余，还需要到互联网上进行资料检索，进而通过网络教学平台与教师和同学进行沟通交流等。

（四）日语教学课程设计的关键

日语课程设计的关键：教师有效的课堂引导。

第一，要点评学生自学情况，鼓励大家认真学习，调动自主学习积极性。

第二，每节课要让学生明确学习任务和具体要求。任务应当尽量保证专一，同时有具体要求，以节省学习时间，提高学习效率。通常情况下课堂活动包含对学生问题的解答，对于重难点的解释，共同讨论，以及实验探究等部分。教师在进行课堂任务的设置时，需要与学生的学习情况和学科特点相结合。

第三，教师对课堂保证有效监控。教师在巡视课堂整体情况的过程中，需要关注的重点问题是学生是否进行认真的讨论，是否全部人员参与，组内是否因为观点不同产生矛盾，学生是否在讨论的过程中出现观点的偏移，及时了解讨论进度等。教师参与讨论的目的在于平息矛盾，提升学生的参与度，让每个人都能表达自己的观点，保证时间得到合理安排，按照约定的进度进行。通过启发式提问的形式引导学生思考，进而对问题进行解决。

第四，课堂讨论和成果发表的指导方面，鼓励发散思维，鼓励积极参与，少做标准答案式提问，以能力培养为目标，多提启发思考的问题。

第五，对课程进行归纳的人员可以是教师或学生代表，这与教学效果是否按预期完成有直接关系。若未达到预期目标，那么归纳总结可由教师来进行，以使学生们的认识得到提高。除此之外，教师也需要反思是否应在学习资料中添加必要的知识点，同时还要对线上资料进行补充。

第六，课堂作业由两个部分组成：第一部分是对本次教学内容的进一步的巩固，并向学生提出新的要求；第二部分是明确学生下次自主学习的要求，对学生的新一轮学习进行指导。

（五）日语教学课程设计的补充

日语课程设计的补充：课后反思和反馈。

第一，需要整理课堂讨论发现的问题，将之前没有考虑到的，而学生又提出质疑的部分补充到线上课件中，为今后的学生回看、复习、巩固提供帮助，完善课件内容。

第二，教师要线上回答学生提出的个别问题，批改学生作业。

第三，给有能力、有兴趣的学生提供合适的补充练习材料，可适当提高难度，提供参考答案。

想要保证翻转课堂的成功必须具备三个要素：课堂活动，自主学习，技术支持。除此之外，对学生特征以及教学目标的准确分析也十分必要。相较于传统课堂教学，翻转课堂在这些方面有着更深和更广的要求。例如，在对教学目标进行分析时，可以细化到每一个知识点，教师经过多层级目标的设定，通过问答、练习等方式对学生的完成情况进行了解。而在教师对学生特征进行分析时，其在进行在线学习时所关注的兴趣点，技术水平，以及持久度都应被考虑在内。

第二节　互联网+时代日语教学模式构建

一、互联网+时代日语智慧教学模式

当今社会已经进入了一个信息技术飞速发展，移动互联网和大数据技术广泛普及的时期。"互联网+教育"这一新型教育形态要求教学不再是固定场所、固定时间、一名教师单纯的知识讲授，而应是基于信息网络技术、通信技术、大数据的可在任何时间、任意地点、提供丰富可选择性内容的现代化新型教学模式。

智慧教育是在移动互联网等智慧环境下，拥有智慧且在学生学习中充当指导者、启发者的智慧型教师，采用智慧教学模式以达到培养智慧型人才的目的。而其中的智慧教学是依托移动互联网、物联网、大数据等新一代信息技术所打造的泛在化、感知化、一体化、智能化的新型教育生态系统。

(一) 智慧教学的特点和优势

在互联网技术的迅猛发展中，传统的课堂教学模式已受到冲击，随之出现了慕课、微课、翻转课堂等一系列新兴教学模式。这些新兴的教学模式在给教师们带来全新授课体验的同时也逐渐显露出了问题。如具有开放性和规模性的慕课，在给学生们提供个性化学习方式的同时也随之带来了学习的随意性和盲目性的问题；具有短时性、易操作性的微课虽然符合学生学习的规律性和认知特点，但对学生的专注力和自觉性要求极高；教育环境走向智慧教育环境有八个特点，即情境感知、异构通讯、无缝移动、自然交互、任务驱动、可视化、智能管控、自动适应。

在智慧教育环境下，智慧教学应是集慕课、微课、翻转课堂的优点，具有个性化教学、实时性教学、移动性教学、交互性教学等特点。并且这些特性能够大力推进信息技术与课程教学的融合，使学生朝着自主学习和个性化方向发展。

(二) 互联网+时代日语智慧教学模式的应用

1. 课前日语教学中的应用

在传统模式的基础日语教学中，教师通常都会要求学生自主预习新单词和课文，而其实际情况是在课前能主动完成预习任务的同学不多，教师在上课前也无法获取学生预习情况的各项数据。

在智慧教学模式下，教师可借鉴翻转课堂的方式，利用现代化智慧教学工具，在课前发布与授课内容相关的视频资源，以提高学生学习的兴趣度和对背景文化知识的掌握。同时教师还可以将预习课件推送到学生手机上，学生可以随时随地预习，实时与教师进行沟通，教师也能实时获取预习学生的数量及进度数据。整个过程充分满足了学生的个性化学习需求，有利于学生自主学习能力的培养。

2. 课中日语教学中的应用

在传统模式的基础日语教学中，教师通常都是以讲单词，讲语法，讲课文，做练习的流程在课堂上对学生进行知识点的灌输，教师为主导、班级同步教学的特点明显。从而导致课堂缺乏互动，教师无法得知每位学生对知识点的掌握情况，日语国际交流人才培养目标无从谈起。

在智慧教学模式下，信息技术伴随整个课堂。学生扫码进入课堂便可同步接收教师的授课课件。在教师对知识点的讲解过程中还可同步匿名反馈不懂内容，便于教师调整教学节奏。教师也可以通过推送习题的方式及时了解学生对知识点的掌握情况。还有弹幕互动、答题红包等当下流行网络元素也被智慧工具引入课堂中。整个过程让课堂气氛可以更活跃，学生的学习方式可以更灵活，教师获取学生各项学习数据可以更及时。除此之外，通过将单词讲解、语法讲解等知识点内容更多地翻转到课前预习环节，引导学生主动学习，而课中把更多时间留给学生之间的会话练习、小组合作练习等实践活动。

3. 课后日语教学中的应用

在传统模式的基础日语教学中，教师都会通过布置课后作业的方式来检验学生的学习成果。作业的布置也意味着教师接下来要面对辛苦搬运作业本、做机械式批改、耗时统计作业完成情况等问题。长此以往容易让教师产生疲劳感和职业倦怠感。

在智慧教学模式下，利用智慧教学工具教师可以在课后及时推送作业到学生手机，并能实时获取学生作业完成情况及答题数据。极大地缩减了教师对于作业的检查时间。有些智慧教学工具在课程结束后还会向教师自动推送课堂小结，通过查看课堂小结教师可以了解该堂课的所有数据，如课堂人数、习题数据、课件数据等。

在信息技术与高等教育的深度融合中，创造智慧学习环境、构建面向未来的智慧教学模式已成必然趋势。开展智慧教学研究是推进教育信息化深度发展的重要切入点。作为一线日语教学工作者，如何应对新形势下日语教育中遇到的机遇和挑战，如何将前沿的信息技术融入教学中，如何用教育的智慧去对待智慧教育是值得不断思考的问题。

二、互联网+时代日语多元化教学模式

（一）日语多元化教学模式的内容

日语课程在日语专业教学体系中处于核心地位。然而，学生在日语知识方面的积累基本为零，在日语教学中，就需要从头培养学生听、说、读、写、译等多种综合能力。因此，充分利用如今丰富的网络资源，结合学生课内与课外的学习情况，利用有限的时间培养学生的日语能力，使其达到教学要求的目标是现今新型模式的改革重点。首先，要求学生课前充分预习。教师以微信或腾讯QQ为沟通途径，将学习资源提前发送给学生，布置任务。学生可以利用课下时间进行知识点的预习，并通过移动设备及时与教师和同学交流问题和难点。其次，在上课时，教师可以重点解决学生的共性难题，并以培养个性的小组合作方式对知识点进行深入探究。最后，教师以课堂学生的反馈为前提，进行作业的布

置，要求学生将作业上传到交流平台进行分享、交流以及互动，这种学生之间互相批改、讨论的方式，有利于教师多样化教学互动模式的展开。

（二）互联网+时代日语多元化教学模式的阶段

1. 准备阶段

互联网+时代日语多元化教学准备阶段与互联网密不可分。现如今，沪江日语、贯通日语等一些内容完善而且评价很好的国内学习网站上，学习资源十分丰富。例如：在线词典、考级词汇及语法、会话音视频、读解听力材料等，这些网站能够实时更新资源以及前沿的日本新闻和文化讯息。但是，大量的资源也会浪费学生选择的时间，作为教师则需要根据实际情况帮助学生对信息进行适当地筛选，使互联网教学真正在课堂教学中发挥作用。对于教学重难点的讲解，作为教师也要充分利用信息化资源，利用电子课件、微课视频等方式，事半功倍地完成课堂教学。

以"互联网+"为依托的教学准备，打破了传统教学的时间和空间，有效补充了教学时间，同时也极大地促进了教师教学水平的提升，促进了教学团队的建设。

2. 实施阶段

将日语教学的理论向实践进行转移，创造特定的情境来运用已经学到的知识，是当前日语教学的重要方式。

课前，大多数学生通过社交平台的分享、交流、讨论，对于基本的语法知识点都有了一定程度的基础，并据此完成了教师所布置的任务，这些准备对于之后教师运用翻转课堂和任务式教学理念，对于课堂活动进行设计、解答学生共同的难题以及引导学生提高口语交流的综合水平有很大的帮助。

在"互联网+"背景下的新型教学，学生是课堂的参与者与完成者，教师则是组织者以及监督者，这种模式，将课内教学理论和课外教学实践相结合，不仅树立了在教学活动中学生的主体地位，还为学生提供了运用口语进行交际的平台。

3. 评价阶段

以"互联网+"为基础的新型教学评价体系，采取多样化的评价方式。例如：教学评价、学生互评、小组互评等。注意学生日常在交流平台和课堂中的表现，增加了平时成绩在总成绩中所占的比例，有利于提高学生学习的兴趣以及主动性。

所以，"互联网+"多元化日语教学模式在互联网平台的支撑下，不仅能够充分地利用学生课外的零散时间进行教学，还充分地提高学生学习的主动性，加强了学生间的交流。自主学习、合作式学习的模式，解决了理工科院校在日语教学中的一系列问题，这种教学模式对于教师和学生而言，是一种积极的发展趋势。

第三节　日语教育的混合式教学模式构建

伴随现代计算机技术、现代通信技术以及现代网络技术等多种高科技的迅速发展和进步，一部分具备现代化、数字化特点的教育方式渐渐展现在各个时期的教学活动中，使得混合式教育模式更好、更有效渗透到实际教育活动中。混合属于一种结合式特殊的学习方法，即"使各种学习方法可以做到完美融合，让现代多媒体教育模式与以往教育相互协调、相互配合，与此同时，运用协作学习以及独立学习模式，展现出最佳学习成效与学习质量"①。随着现代信息化教育模式的日益发展，推动了信息技术的不断发展与进步，对学生的生活与学习产生非常重要的影响。如今，网络平台中的学习资源丰富多样，并且为多媒体教育模式获得所需教育资源提供了便捷性，亦有助于增强学生与教师相互间的交流沟通。然而，针对我国当前教学状况而言，现代多媒体的教育模式仍然未能充分实现对以往课堂教育模式的替代，如若缺少教师正确积极的指导，是难以展现出最佳教育成效与教育质量的。随着现代互联网科学技术以及在线学习模式的不断发展和进步，使得混合式教育模式展现出良好的发展优势。科学合理应用现代多媒体教育手段，能够对以往教育教学过程中存有的不足进行高效弥补，故而，需要将以往教育手段和现代教学方式进行有机融合，从而构成一种全新的混合式教育形式，使教育成效与教育质量能够获得大幅度提高。

一、日语教育中混合式教学模式的构建原则

（一）多维交互原则

在互联网发展背景下，运用混合式教育模式主要呈现在将现代信息技术和英语课程进行有机整合，就是根据把信息技术充分全面渗透到日语教育进程中，以此创造理想、有效的教育氛围，此种氛围能够支撑创建真实场景、摆脱空间与时间限制的资源信息共享、灵活多变的信息获取、各式各样的沟通模式、冲破地域的合作沟通，有助于培育学生创新性的自主发现及自主探索。与此同时，网络背景下的学习信息资源已具备容易收集、实用性

---

① 连联. 混合式教学模式在日语课堂中的应用方式研究［J］. 现代商贸工业，2021，42（9）：156.

强、储存量大以及颗粒度小等多种特点，能够在一定程度上归纳整合全社会即全世界的各种优秀教学信息资源，给应用开放自由网络教学平台的相关学生提供充足优质的英语教育内容。在这一前提下，混合的实质不只是不同教育观念的有机混合，更是冲破时间与空间的界限，真正使教育活动有机混合。

冲破各学科之间的界限，真正实现教育资源和教育内容的有机混合。其实质即是创建生动形象的信息化学习氛围，实现将探索、协作、动态等作为中心的现代化日语教育形式。

（二）以人为本原则

人本价值被人们看作是教学技术哲学的关键理论基础，其提倡教学需要将推动学生自由、开放、随意作为主要目标。混合式教育形式实质上转变了传统的教育架构，打破了教师与学生相互间存有的信息失衡局面，撼动了以往课堂教学中教师与学生处于的位置，构成全面呈现学生主体位置，将学生追求自我发展作为教学的最终目的的一种全新教育架构，为学生个性化发展提供强有力的支撑。

二、日语教育中混合式教学模式的构建策略

（一）发掘能力内涵，提高日语教育针对性

日语能力囊括诸多方面，涉及理论探究能力、独自发掘能力、实践运用能力以及语言灵活变通能力等。在我国日语教育教学过程中，应当充分了解到日语能力具有的内涵，根据提高教育教学的创新性以及创造力度，充分满足学生的一系列日语知识学习需求。在实施日语教育教学过程中，日语教师应当把混合式教育形式与日语课堂教育相融合，在这一进程中最主要的即是应当明确学生日语能力的相应内涵，学校实行教育创新与变革，提高学校教学引导的针对性、目的性与有效性，指导学生独自探究学习和培育其日语能力的教学观念不谋而合。如今，教育重视自主学习、创新学习，教育重点并非学生在日语课堂教学中可以获得多少日语知识，是学生能否根据创建日语能力体制，提高自己的日语学习水平与能力，从而更好、更全面把日语知识运用到日常生活中，提高自身学习成效与学习质量。因为日语课程早已构成相比较而言非常稳定的教学体制。因此，大部分日语教师缺少创新教学与改革教学的主观能动性，忽略了学生日语能力的有效培育。

（二）冲破教材限制，完善日语的教育体系

长期以来，日语教材始终是日语教师在实际教育教学进程中的重要参照，教育活动的

设计以及执行，亦均是将日语教学参考书中的相关提示作为中心而开展的，因此在一般状况下，只限制在教材知识内容，难以充分高效运用教育资源，会对学生的专业能力与综合素养产生不利影响。而且在实践课堂教育教学进程中，具有创新意识和创造精神，可以把日语教材内容实行完善整合的日语教师极少。在现代教学发展形势的背景下，如若想全面发挥混合式教育所具有的积极作用与积极价值，推动学生专业能力与综合素质的持续提高，科学正确应用现有日语教材，归纳整理固定的教育资源，改革教育模式，均是实现这一目标无法或缺的主要因素。基于此，日语任职教师应当具备对教材内容实行进一步加工整合的能力。

（三）提高指导能力，健全混合式教育体制

在日语教育教学进程中，教师是学生的重要引导者与指导者，在重视教学创新与改革的同时亦应对教师提出更高层次的要求。教育创新与变革应当创建在理论与实践相结合的前提下。实践是检验真理的唯一标准，理论是为了可以更好地进行实践，而实践是为了可以有效验证理论，因此，如若想在教育教学过程中提升创新意识和创造精神，任职教师应当重视提高自身的综合素养、专业能力以及实践水平。唯有自身具备对应的水准，才可以在工作上发挥创新能力与创造精神。在混合式教育理论知识上，教师亦应当保持满电与加油，应增强自身终身学习意识以及继续教育思想。

伴随当前社会的持续发展与改革，日语专业理论知识亦在持续更新。即便教师将教育看作主要目标，然而，在日语实践操作过程中亦应当重视自身引导能力与专业素养的提高，只有具备丰富的实践经验才可以更好、更有效把日语知识教授给学生，故而增强日语教师的专业能力培育以及综合素养培育，对日语课堂教育利用混合式教育模式以及创新变革具有非常重要的积极作用。

第六章　日语教育教学实践策略具体研究

第一节　日语语言文学中的中国文化探究

一、日语语言文学的主要特点

历史的发展与变迁，使得日本文化受到了两大主体的影响，因此其在语言文学上也呈现两段不同的特点。18 世纪之前，我国经济、政治、文化在世界都名列前茅，日本不断学习中国知识，在语言、服饰上都深刻体现着中国烙印。18 世纪之后的一般历史时期，随着我国国际地位的下降以及西方国家的兴起，日本在 19 世纪开始开展文化革新，开启了明治维新的道路，语言文学也受到了新的影响。因此，日语语言文学的主要特点如下：

（一）日本语言文学社会性特征明显

所谓的社会性是"语言文学所处的社会背景，也是作品的写作背景"①。其实，无论是早期文学作品还是近代的著作，都是时代的产物，集中反映着某种政治、经济特征，与国民的变迁和历史文化特点紧密相连。受到日本地域性的特征，其语言文学也与地区文化有关，体现着城市化变迁的因素。在日本政治中心还是京都的时候，语言文学的大背景都是京都。直到江户时期，随着武士成为日本国内的新贵族阶层，文学创作又开始偏转方向，其中最具代表性的文学作品就是《古今著闻集》和《今昔物语》。

（二）日本语言文学具有语言标记特征

从某种意义上而言，中国的语言是日本语的起源，日语在很多词汇的发音和书写上都借鉴了中华民族文化，文学创作中也体现了本土特征。同时，日本国民极强的学习能力，

---

① 李爽蓉. 浅析日语语言文学中的中国文化 [J]. 才智，2018（11）：184.

使其不断吸收外界的新知识，在语言文学的形式上呈现新旧不断交替的现象。

（三）日语语言文学中带有家庭文化理念

日本注重家庭文化，在日本早期的许多文学作品中都是以家庭为中心展开的论述，特别是描写离愁的诗词中，更是表达着对家庭幸福生活的美好向往，体现着历史文化的特征。

（四）日语语言文学中具有家园意识特征

家园文化是日语语言文学作品中最常见的一种体裁，究其原因不仅与日本文人的情怀有关，还与当时的历史时代、社会背景相契合，是中日文化研究最佳的切入点。

第一，家园在日本文学作品中存在"缩小意识"。"缩小意识"是日本文学中的一个典型特点。日本文学家善于将很多大的事件、观念和认识进行缩小，缩小到家园之中，并通过以小见大的方式来表达对于人生、社会的感知和领悟，这种方式也直接映射到了日本人的日常生活，日本人追求生活的精致，从食物、饮茶到家庭环境、庭院的布置，无不是在追求缩小状态下的完美。在日本文学家的笔下，缩小的家庭蕴含着无限的亲情，是日本人心目中完美生活的象征。

家园中的庭院一直是日本现代作家笔下最常描写的事物，特别是庭院的设计风格、家居的布置都体现着人文情怀，从侧面表现了日本人民对生活的诉求。同时，一些作家还愿意借助这些用形象的手法传达情感和思想，将自己的理想、信念、愿望通过缩小了的"庭院形象"进行展现，让环境更具"人情味"。日本文学作品中家园庭院已经成为一种文化的代表，是日本文化的缩影，真实地展现了社会的一角。

第二，日本的家园文化被看作是安宁的象征。自古以来日本的家园文化都被看作是安宁与和谐的象征，这种宁静不仅代表着生活的安逸和稳定，还体现着内心的平和

第三，日本家园形态的具体体现。日本的家园形象，为人们所熟知的就是"樱花"，它不仅是日本的国花，更是人们对日本最深印象的体现。"樱花"代表着吉祥、希望与光明，寓意美好。研究日本文学作品，不难发现从古代开始就有大量的文学作品是描绘樱花的。例如，对于婚礼现场的描述、对于车站的描述，都会频繁出现樱花加以点缀。樱花存在于日本国民生活的各个角落，日本文学家在对家园进行描述时，也常常离不开樱花的映衬。

二、日语语言文学中的中国文化表现

远古时期的日本并没有统一文字，文字开始流入日本始于我国的隋唐，并对其产生了

深刻的影响，语言的载体也开始出现。随着时代的变迁发展，日本逐渐借鉴中国文字，并在自身的发展中拥有了自己的文字。

（一）日语语言中的中国谚语

谚语是熟语中的特殊形式之一，经过对日本语言文学的长期研究可见，日语熟语中的很多内容与中国文化息息相关，甚至借助一个汉字，就能够联想出句子所要表达的意思。例如，日语"青菜に塩"，这其实是一句日本熟语，尽管不懂日语的人不懂这个词的意思，但看到句中的"青菜"和"盐"两个汉字，展开联想发现，青菜在盐的作用下会失去水分变蔫，也就能想到中国的熟语"无精打采"。另外一个日本熟语"馬の耳に念仏"，发现含有中国汉字"马、耳、念佛"。将这三个汉字和词语进行组合，可以联想出冲着马耳朵念佛。马怎么能听得懂佛呢，可见这句熟语其实是"对牛弹琴"的意思。

另外，重新组合后的句子也与中国的谚语异曲同工，如熟语"一葉落ちて天下の秋を知る"，就是将汉字一叶落、天下、秋、知提取出来并重新排列后的熟语"一叶落知天下秋"。根据上面两个例子可见，日语语言文学与中国文化一脉相承，日语语言体现着中国文字的特征。

（二）日语语言文学中的中国诗词

中国诗词博大精深，历史悠久，短小的几个字能够表达宏大的主题和心中的思绪，举例如下：

登幽州台歌幽州（の台に登る歌）
前不见古人（前に古人を見ず）
后不见来者（後に来者を見ず）
念天地之悠悠（天地の悠悠たるを念ひ）
独怆然而涕下（独り愴然として涕下る）

该首诗词以中文和日语对照的方式写出来，可见几个字完全保留着原貌或者变换了一下字词的位置，并用日语语言进行一番修饰。中华民族有着悠久的历史，中国是世界上四大文明古国之一，包容性非常强。虽然日语和相关文学内容远不如以往保留着较多的内容，但是中日两国的语言文学一直有着深厚的关系。

（三）有关日语语言的学习

随着信息时代的到来，知识数据已经进入迅速增长时期，人们借助互联网可以随时获取信息，与他人进行沟通。另外，在互联网时期，信息内容也愈加多样，消息获取的渠道更为丰富和便捷。相比于只能从书本中获取信息的时代，学习变得更加简单，在网络上就能够轻易找到想学习的资料，还有一些名师的视频可以观看。另外，日语专业学生借助信息技术可以解决语言环境的问题，在社交平台上结交朋友，与不同语言、国家的小伙伴进行交流和沟通，打破地域限制，在特定的语言环境下表达情感，说出自己的看法和对文化的态度。

从上面的论述中，可见日语语言文学与中国文化之间的深厚关系，要切实完善教学，对日语文学做进一步的分析，就必须在实际中加以研究。总而言之，日本与中国一衣带水、隔海相望，中华文化在历史的变迁中逐渐成为日本语言学习的主要内容之一。虽然日本语言文学逐渐形成了自己的风格，但是中华文化依旧以其强大的感染力影响着日本文学。

第二节　日语教育教学中的人才培养实践

一、日语专业人才培养

（一）日语专业人才培养的条件

开放是日语人才培养模式优化的必要条件。当前，我们一方面要推动师资队伍结构及人才培养体系的开放以实现文理交叉；另一方面要提升教育主客体的互动程度以实现人才培养质量的实质提升。开放才能摆脱僵化，带来改变，为创新提供土壤，为日语专业人才培养的国际化提供便捷通道。

第一，学生的学习选择应具有一定的开放度。对于日语专业的学生而言，要提升竞争力，既需要在语言方面能够达到接近母语的运用能力，也需要在知识结构方面超越语言工具的掌握，进而具备行业知识。因此，日语专业学生的学习选择应该是具有灵活性的。在跨专业学习方面，市场的人才需要往往领先于高校的专业设置，因此，应该在一定程度上允许学生在其他学院选择专业课程，甚至是通过学分互动的方式，让学生能够到其他高校选择专业课。充分的学习选择才能够让学生获得个性化的教育，个性化的知识结构是创新能力的重要基础。

第二，专业建设需要开放，实现专业融合。开放是日语人才培养模式进行优化的基础。学科融合的前提是师资队伍的融合。因此，不论是院系的师资队伍建设，还是教师评价制度，应该摆脱传统的学科封闭思维，打破常规，才有利于专业建设走向开放和综合。此外，为师资队伍的交叉合作提供平台也是一种事半功倍的方式。专业建设的开放与融合，将促使师资力量的重新整合，促使科目、课程的融合，进而为综合型人才的培养提供必要的条件。

第三，课程建设需要开放。日语专业的课程体系总体侧重于语音和语法，这种课程体系不仅效果不佳，也容易导致课程体系的老旧和僵化。专业的开放能够带来课程的改变，这种改变是源于专业的带动，还需要借力于课程自身的开放，为跨专业知识的融入提供空间。课程不仅提供基础或者专业的知识，还需要成为一个平台，让教师、学生在这个平台上进行更大范围的教与学，让课堂突破教学大纲的限制，能够紧随社会、行业等外部环境的变化。

（二）日语专业人才培养的关键

互动是日语专业人才培养模式优化的关键策略。从心理测量学的角度而言，人才培养模式的最终目的是改变学生的心理建构体。教师与学生之间的良性互动才能达到人才培养的最佳成效，学科与学科之间、专业与行业之间的互动是日语专业人才培养模式保持生命力与高质量的组织形态要求。

1. 增加教师与学生互动

当前，大班授课是常态，这就导致教师与学生在课堂上无法形成充分的交流和互动。在这种情况下，跨界融合、学科交叉等一系列变化将无法在教学环节得到体现。建立本科生导师制和研究小组制度以改善当前状态。让学生自主加入校内任何一位教师的学习研究小组，对感兴趣的专题进行深入探讨，这一方式可以提升教师与学生之间的互动。通过开放的导师制，日语专业的学生可以选择其他院系的教师作为导师，提升他们的交流能力、团队意识、协作能力、组织能力，或者日语专业之外的知识和技能，而这些能力对于新的时期专业人才是不可或缺的。

2. 提升专业之间的互动

构建多元化的"日语+"人才培养模式提升专业之间的互动。建立灵活的教师任课制度，打破院、系、专业间相对封闭的格局，实现专业之间的互动。在此基础上，构建多元化的"日语+"人才培养模式。课程时间和教师的配置以学生教育为中心，可多学科教师联合教学。例如，"日本历史"课程可由本专业和历史系教师合作教学，做到语言与知识、技能与思辨能力的同步提高。当前我们需要通过对传统文科进行学科重组、文理交叉，把新技术融入哲学、文学、语言等诸如此类的课程中，为学生提供综合性的跨学科学习。因此，跨界融合需要学科之间的互动。学科之间的互动不仅仅是专业上的交叉，更重要的是不同专业背景师资主动的深度互动，否则，学科交叉只能停留在表面，无法获得实质性的学科融合。

3. 提升专业与行业互动

面向市场、跨界融合提升专业与行业之间的互动。专业与行业之间的紧密互动才能推动人才培养与市场需求保持联动。对于语言专业而言，更是如此。与英语相比，日语专业的行业面向特征更为明显，市场需求更多来源于日资企业，因此，在人才培养过程中应该面向市场，与行业紧密合作，提升跨界融合程度。例如，在东南沿海地区，日语专业的人才培养，就需要与汽车、化工、电子、食品、服装、旅游等行业相结合，在文理交叉层面提升人才的综合素养。要进行融合，就要改变封闭的形态，进行跨专业的人才培养。

同时，专业与行业之间的互动，才能够保证日语专业人才培养的实践环节具有真正的教育价值，而不是流于形式。日语专业人才培养是一个立体工程，需要多维度、多层次的保障体系，才能达成人才培养目标，保障教育质量。培养具有中国立场、文化自信的日语专业人才是首要标准。建立激励机制，推动培养体系的开放和教育主体之间的互动是日语专业人才培养模式优化的动力源泉。构建质量检测体系，以大数据为基础发现问题、解决问题是人才培养模式高质量运转的机制保障。因此，开放与互动是当前日语专业人才培养模式优化的关键步骤与核心特征。通过开放，实现融合，通过互动，落实成效，两者缺一不可。

二、日语复合型人才培养

（一）更新人才培养目标

"复合型人才培养模式的构建是一个循序渐进的过程，在现有的状况下对于传统模式中存在的问题进行优化与改善，能够提升人才培养与社会人才需求之间的契合程度"①。

第一，需要对人才培养的目标进行分类。在日语人才培养中，根据学校的教学目标以及学生的个人发展目标，进行综合性的教育目标确立。就学校的教育目标而言，多数的学生在结束本科阶段的学习之后，需要参与到职业当中去。因此，需要在教育的目标上对职

---

① 杨婧. 关于新形势下日语复合型人才培养的思考 [J]. 文化创新比较研究，2021，5（18）：134.

业发展进行深度的思考。

第二，根据分类的具体状况，结合学生的发展需求，进行教学目标的确定。如对于多数需要参与到职业发展中的学生而言，在日常的日语学习中，需要对职业技能的训练进行更多地关注。在学生完成基础性知识内容的学习之后，需要尽早开展与职业教育相关的教学，如对商务日语、旅游日语等内容的学习。另外，在基础阶段的学习结束之后，学生的基本学习状况对于其未来的学习将会有所影响。基础语言能力较好，同时具有一定文化感悟能力的学生，在基础阶段的日语学习结束之后，可以选择就日语语言文学或者其他的日本文化、历史等方向进行深度了解，选择今后的继续学习方向。对于这一种类型的学生而言，此后的学习目标，需要围绕着语言文学本身进行，事实上这种目标的确定也是一种继续的细化专业确立。结合职业选择或者未来的学习研究选择，进行更为细致的目标分类，都属于一种复合型人才培养的目标，教学将会更具有针对性。

（二）优化课堂教学模式

优化课堂教学模式，重视学生参与实践在本科阶段的日语教学中，由于教学的时间有限，教师的教学任务较重，因此课堂教学中采取的模式通常是教师集中讲授课程内容，学生被动听课。在这种情况下，学生的学习主动能力未能够得到训练，课堂中参与日语练习以及日语应用的机会也较为有限。为此，教师需要认识到，语言学习中语言环境的重要性，对于多数的学生而言，本科阶段是没有机会进入到真正日语环境中去的。因此，课堂教学的拟真化语言环境就显得尤为重要。教师需要为学生创设语言应用的机会，提升课堂阶段教学的有效性。

第一，在日常的精读课程的学习中，教师要留出一部分的课堂时间，引导学生完成相应的日语课堂展示。例如，可以在课前要求学生根据自己的兴趣，应用日语讲述一个与日本相关的知识点。在讲述之前，需要将相关的讲述内容整理为书面的形式，并且向教师提交，确保语法内容的正确性。

第二，教师需要重视对课堂教学延伸。例如，在语法知识的学习中，课堂阶段学生的掌握较为有限。教师可以选择线上线下教学的双重模式，应用课程录像、微课等，为学生的知识复习巩固提供便利。为了使得学生的学习更加具有系统性，日语教研组需要共同决定保存影像资料的重要课程，供全体日语学生使用。

（三）完善人才培养教学体系

第一，在日语专业学生数量减少的情况下，相对的教学经费发放以及教师安排等也会有所变化。从当前的情况而言，这一变化并不明显。如果日语教学水平仍旧保持现有状况，留学生等群体的优势会对于日语专业学生造成求职压力，学生数量也会持续地减少。为此，在教学内容中要更为紧密地结合学生未来的职业发展需求，安排教学。相对于一般的教学模式，在职业发展需求的要求下，课程数量总体会有所增加，相对而言教师的教学任务也会有所增加。要注意的是，在教师的选择上，可以适当地应用具有职业经验的教师，如参与过日本企业工作的教师、担任过导游、领队等职业的教师，作为相应课程的教师。

第二，对于将日语作为第二外语学习的学生而言，学校需要改变现有的教育思路。对于一些较为特殊的专业，如工科类型的专业，学生需要具有较高的日语水平，以适应于本专业的发展需求。"专业+日语"复合型人才既掌握专业方面的基础知识和应用能力，又精通日语，该培养目标的特色是融外语、技术、经济教育于一体，博采众长、兼收并蓄。一年级集中进行日语学习，学生毕业时要求达到熟练掌握日语的程度。虽然专业技术知识的要求与机械专业方向的本科教学基本相同，但加强了经贸管理方面的知识，为学生以后的工作和深造打下了深厚的理论基础，提供广阔的发展前景。

三、日语创新创业人才培养

（一）加强通识课程教育，提高学生技能

《哈佛通识教育红皮书》中强调了通识课程培养的目标，通识课的目的是要培养完整的人，应具备四种能力：一是思考能力；二是沟通能力；三是判断能力；四是认知能力。四种能力是全球化发展背景下学生需要的能力。通识课是对公共课的加强，有利于学生多项选择，帮助学生开拓国际视野，理解国内外的文化差异，强化自身专业素质，提升市场竞争力。

日语的教学改革要充分把握时代机遇，尤其是"新文科"背景下"大外语"这一契机，完善教师队伍，改善通识课的模块体式，改变公共日语的授课方式和教材使用，增强日语影响力，增加受益对象，帮助学生学有所用，学有所长，以此提升日语教学活力，改善日语教育生存环境，推进大学日语公共课程的可持续性发展。

（二）基于创新创业理念，改变教学方法

以"新文科、大外语"为背景，强化日语课程与专业课程之间的内在联系，转变陈旧的教学方式即转变大众化教育或者普及式教育，引入"音声法""视听法""交际法"的

综合教学方法，从"粗犷教育"转变为"精准教育"。改变单一知识教学模式，培养学生的语言运用能力，在日语语言知识教育的基础上，强调语用能力培养，即强化"输入—产出"教学模式，以大学日语为基础辐射其他学科，通过外语学习，掌握开拓新视野的技能，培养个性化的复合型人才。

传统的教学手段主要是教材、课件等，随着大数据时代的到来，现代教学急需打破传统教学手段，与现代化的手段信息技术融合，从线下教学转变为线上线下混合式教学，即采用线上辅助教学预习复习、线下课堂为主要教学方式，又辅助课外活动实践的方式。以增强教学的灵活性，丰富教学内容，提升测评效率。充分利用中国大学慕课、学堂在线等教育平台，课前进行学情调查，设定教学目标。根据学情分析选取具有挑战度的教材，向学生发布线上任务信息（雨课堂），由学生自主网络协作式学习，教师利用社交媒介软件线上答疑。由原来的"以教师为主体"转变为"以学生为主体"。

日语教师可以利用问卷调查、访谈等形式，充分了解学生的预备知识、专业技能、学习要求等，根据学生的性格特征、自主参与意识等个性化辅导，提高教学的针对性。课堂上补充任务说明、重难知识点讲解，注重文化引导、文化比较，课后采用档案袋评价管理，可以借鉴日语教育教学评估方法，对日语学习者进行评级管理，安排新的教学内容。从"知道了解"到"能做能用"，充分发挥学生的主体性，督促学生"了解别人、了解自己、创造关联"，建立自我学习档案。档案袋评价体系可以帮助学生发现自身问题，及时进行问题反馈、提升语言学习能力。在此基础上，教师应帮助学生积极开展课外实践。除此之外，还应改变原有的以"日语教育"为基础的单一文化教育模式，从培养单一文化意识转变为培养多元文化意识。提升学生的国际视野，尤其是加强"思政教育"，培养学生的中国情怀、国际视野、文化沟通的能力。

当今的日语教学应该是教与学、知与行、知识与价值的统一体。尤其是大学的日语课程学习应该是师生共同参与，应该是精神、经验、观念、能力的生成过程，是一种文化体验、发展与创造的过程。在教与学的不断磨合成长中，培养创新精神，感知创造力。

第三节　日语笔译课程教学的改革与实践

一、注重时效性，精选教材与实用例文

为了让学生在日语笔译学习的过程之中学有所获、学有所成，教师必须要关注不同教

材的深入分析以及解读，保障教学内容和教学形式的实效性，结合时代对人才培养实施条件来实现针对性的调整。

教材是整个教育教学实践活动的重要依据与前提，教师需要对不同的教材内容进行精心的筛选以及安排，将时效性以及具有一定趣味性的教学内容融入主题教学环节，将丰富多元以及新应用的教材内容与学生的自主实践相联系，只有这样才能够充分体现日语笔译课程教学的价值和作用，其中翻译教材的选择对教师提出了一定的要求，教师需要关注翻译练习以及翻译译文过程之中不同段落以及文章的质量和水平，保障语言的代表性，题材的丰富性以及词汇量的充足性，适当控制阅读的难度以及文本长度。

需要注意的是，在选择翻译文本以及布置练习作业时，教师还需要注重形式的丰富化以及多元化，保障所选择的例文能够满足学生的个性化发展要求，实现诗歌、散文小说新闻的全覆盖，其中实用文体的分析以及研究也非常关键，教师可以将科技文、应用文与学生的和课外阅读活动相联系，保障学生在自主学习的过程之中接触丰富的词汇，从而积累一定的学习经验，提高个人的学习基础和学习能力，拓宽个人的视野。其中以学生为中心的教材选择形式能够更好地降低学生的理解难度，保障语言应用的准确性、严谨性，提高整个教育教学的语言教学水平，充分发挥教材的指导作用及优势。

教师还需要着眼于教材的不同要求，注重突破教材的束缚以及限制，了解实用例文的选择要求，以教材的合理运用为基础，摆脱教材的限制，尽量避免对教材的过度依赖，只有这样才能够保证每一个学生都能够实现学有所获。

一般而言，前期的教材运用所发挥的作用比较明显，但是当学生的笔译能力得到一定的培养之后，现有的教材则难以满足学生的阅读以及写作需求。学生对一些新闻文章以及科技文章更加感兴趣，同时大部分的词汇以及用法已经过时，缺乏一定的教学价值以及作用。对此，教师在挑选教材的过程之中需要尽量选择一些最新最前沿的例文，将其用于教学活动环节，鼓励学生参与不同的翻译练习活动。时事内容的融入以及分析比较复杂，教师应该投入更多的时间和精力，了解学生的主观能动性以及学习兴趣和学习偏好，精心筛选不同意义的练习内容和形式，鼓励学生在自主学习的过程之中不断的调动个人的主观能动性。

二、充分利用网络资源，开辟第二课堂

网络资源的利用对构建高效课堂也有着一定的促进作用，为了减轻学生的学习负担和压力，充分体现笔译课程教学的本质价值以及优势，教师需要注重网络资源的合理利用，积极开辟第二课堂，融入不同的教学元素以及教学内容。

网络资源的运用能够加强师生之间的良性互动，保障教学资源的合理配置，弥补主体课堂教学模式所存在的各类不足。例如，部分日语教师在笔译课程教学的过程之中尽管做好了前期的导入准备，但是学生的参与积极性不足，极少有学生能够主动的与教师进行沟通并完成不同的笔译训练任务。对此，教师可以以网络资源为基础，充分利用各种线上平台加强与学生之间的沟通和互动，其中博客、电子邮箱以及腾讯 QQ 的应用比较明显并取得良好的效果，老师可以鼓励学生在平台之中交流个人的看法，主动寻求教师的帮助，说出个人的不同意见。在完成主体教学环节之后，教师则可以在网上与学生进行交流和互动，了解学生的真实想法，以此来调整后期的教育教学内容和形式，保障学生在线上线下学习的过程之中掌握笔译的技巧和要求，实现个人日语应用能力及水平的综合提升。

需要注意的是，每一个学生学习能力及学习基础有所区别，对此，教师需要站在学生的角度，以人为本、因材施教为出发点和落脚点，充分体现创造性教学理念的指导作用及优势，实现学生学习能力及水平的综合提升。

三、改变传统教学方法，实现高效互动

教学方法的改革是一个长期性的过程，但它对于创建充满活力的课堂和激发学生积极参与非常关键。老师需要注重与学生之间的沟通和互动，重建师生关系，站在学生的角度思考问题和分析问题，以此来实现高效互动。其中有价值的互动以及互动效率的提升尤为关键，教师应该尽量避免简单的灌输式，而是需要明确教学改革的发展要求，在提问和回答的过程之中让学生产生更多源源不断的学习动力。其中师生之间的互动以思想上的交流为依据，教师应该着眼于学生在自主阅读和自主学习过程中的认识情况，通过对日语笔译课程的深入分析以及研究，来与学生进行情感上的交流和共鸣，加深学生个人对理论知识的认知和理解，从而在自主学习和实践研究的过程之中抓住更多自主学习以及提升机会。

教师必须要注重课前导入，将提问讨论以及课堂练习、例文讲解和翻译理论的分析相结合，关注一系列教学环节的践行要求，注重简单理论知识的讲解以及分析，在与学生进行互动的过程之中留出充分的时间让学生自由发挥和自主讨论，只有这样才能够让学生意识到个人的主观能动性，从而树立一定的主人翁意识，实现个人学习能力及水平的综合提升。

总而言之，笔译能力对学生的良性成长和发展意义重大，为了培养学生良好的专业素质，教师需要抓住笔译能力提升的核心要点，积极推动教学改革，将符合学生个性化发展要求的教学理念和教学手段融入课堂教学环节，构建完善的日语专业笔译教学体系，加强不同教育教学环节之间的联系，保障学生在自主学习的过程之中提高个人的专业素养，这

种以学生为中心的教学改革策略和理念能够培养专业特色化人才，充分体现出精品学科教学的实质要求，有效的摆脱传统应试教育的桎梏，保障教学资源使用效率的综合提升，让每一个学生都能够学有所获、学有所成，为社会培养出更多综合的应用型语言人才。

第四节 Face 行为理论下的日语教学策略

Face 行为理论（"面子行为理论"）中主张的面子分为"积极面子"和"消极面子"。一般而言，人类的交际行为是伴随着威胁上述两种面子（"积极面子"和"消极面子"）的行为，称之为 FTA（Face-Threatening Act）。按照 FTA 程度由小到大，人们一般采用五种礼貌策略：①直来直去，不使用纠正策略；②使用积极的礼貌策略；③使用消极的礼貌策略；④非公开实施 FTA 策略；⑤不实施面子威胁行为。

"日语文化中的面子理论主要以集体主义为取向，这一点与汉语文化中的社会认同具有相似性"[①]。在日本的文化特点中强调人与人之间的关系，重视在日常交往中谈话者必须理解自己相对于社会中他人的地位，个体更加注重自身言行对于听话者施加的面子，并不受他人意志强加作为影响礼貌的动态因素。但是日语中的礼貌策略与汉语中的礼貌策略在一些点上存在着较大差异，不论在积极的面子行为以及拒绝的消极面子行为中均有呈现，主要以连接词、副词、标记词、敬语等在中日语言中表达不同的意思为主。以敬语和标记语为例，在日语礼貌策略中礼貌已经远超过敬语的范畴，敬语同时兼具消极礼貌与积极的礼貌策略，只有部分日语敬语是适用布朗文森的礼貌原则的。一些标记语在汉语及日语中的表达也具有不同的意思，在日语中表示"传闻"之类的标记语时是具有一定委婉否定功能的，而这一点在汉语文化中是没有的。

综上所述，汉语文化与日语文化在礼貌原则上大体都遵循耻感文化，都需要从社会认可、权势关系、普世道德、社会价值中获得认同与肯定，但是日语在一些语用习惯的表达上具有不同的意思，这些不同在一些话语标记、敬语之中有很多表现，这主要是由于日本在近现代社会转型过程中经历过自上而下的整体改良运动，一些语用习惯能够较好地保留。

随着信息时代的发展，当代学生所接收的信息呈现多样化、多元化，接收信息的深度与广度也在不断变化。因此，其思想更加活跃、开放，学生的个性也更加独立，在这种信

[①] 李爽蓉，刘萍，李琴. Face 行为理论指导下的大学日语教学策略研究 [J]. 才智，2023（3）：106.

息环境下，顺应时代要求灵活运用 Face 行为理论，对日语课堂教学效果的提升具有重要价值，Face 行为理论下的日语教学策略具体如下。

一、日语课堂教学用语遵循合作原则

合作原则是指双方在交流过程中遵循一定的基本原则，包括数量准则、质量准则、相关准则和方式准则，在日常教学中有日语教师会出现一些比较强硬的语句。例如，教师在讲解某个问题后会问道："听懂了没有？"，给人一种我讲的学习者一定听懂的感觉，这样其实是有悖于合作原则，教师将自身放置于一个训话者的姿态，带有命令或者强制性的反问，学生不得不配合教师回答"听懂了"，而此时如果学生回答"没有听懂"教师或许会认为其"面子"受到威胁，将自己置于一个尴尬的位置。此时，可以通过积极的礼貌策略问"我有没有讲明白"以减轻学生对课堂知识未很好掌握时的压力。

二、采取礼貌策略以增加教学活跃度

日语课堂的氛围对于教学效果的影响也非常大，在课堂上一方面教师要能够营造轻松、愉快的氛围，可以拉近教师与学生的距离感，降低学生与教师因为身份差距而产生的"权势压力"；另一方面当学生进行积极的课堂反馈或者取得不错的成绩时，多对学生进行称赞与鼓励，可以常带一些"做得不错""非常好""加油"之类口头语实施积极的面子维护，以增强学生的自信心与课堂兴趣，最好不要出现当面的训斥、抱怨、指责等具有面子威胁的礼貌策略。此外，除在课堂教学中要实施积极礼貌策略，在课后答疑解惑、请教问题时也要对学生提出的问题与请求认真、真诚地解决。实施积极的礼貌策略并不意味着教师需要去讨好学生或者对学生的错误视而不见，而是让教师与学生在平等的环境中进行交流与互动。

三、注意特殊对话言语得当和有的放矢

教师与学生除在日常教学中的交流外，还存在日常其他交流活动，如在非课堂环境下之间的沟通，例如，有些教师担任班主任需要查寝室关心学生的生活、心理方面的状态等，可以进行适度的关心而且不能用消极礼貌策略的命令式关心。例如，"天冷一定要多穿衣服，别冻感冒了"。此外，当询问有关于个人隐私的问题时，多采用选择疑问词，如"能不能""可不可以"，留给学生一定的拒绝空间。另外一种情况，即学生可能来自不同城市或者不同民族，学生的生活习性、习惯等都不同，在这种情况下就要遵守一些约定俗成的社会制度、习俗和秩序。又如，在中国文化中，谈话者有时会为增加或者强调与对方

之间的亲密关系而让谈话内容涉及对方的私人领域，而在跨文化交际过程中则需要注意对方的私人空间，因此，在与学生交流过程中要注意避免涉及到过于隐私的问题。当然，这些都是要建立在教师对学生个人情况多方位掌握的情况下。

参考文献

［1］常维国，白晨.试论创新教育评价的结构与功能［J］.前沿，2016（10）：57.

［2］陈朝阳.试论日语阅读教学［J］.考试周刊，2012（8）：85.

［3］陈芷悦，窦硕华.日语专业学生国际化素养提升研究［J］.科技资讯，2022，20（4）：170.

［4］樊玲.立足德育教育创新素质教育［J］.百科论坛电子杂志，2020（5）：819.

［5］谷苗.浅谈职专日语专业技能的培养［J］.课程教育研究，2016（32）：99.

［6］馆冈洋子.于康.日语教学研究方法与应用［M］.北京：高等教育出版社，2015.

［7］郭孟.高等院校日语笔译课程教学改革探索［J］.中国多媒体与网络教学学报（上旬刊），2019（12）：166-167.

［8］户艳红.创新思维在英语教学中的应用思考［J］.成才之路，2022（19）：93.

［9］黄虎清.语法翻译教学法在高级日语精读教学中的应用与反思［J］.江西师范大学学报（哲学社会科学版），2012，45（1）：141.

［10］寇军.创新思维的主体和影响因素探析［J］.辽宁行政学院学报，2010，12（7）：157.

［11］李晶.实践型日语教学模式的改革［J］.教育评论，2013（4）：90-92.

［12］李静，李琨.翻转课堂在国内高校日语教学中的应用述评［J］.肇庆学院学报，2017（4）：47-50+61.

［13］李琳琳.新文科视阈下基于JF标准之树的日语教学新探［J］.内江师范学院学报，2021，36（7）：85.

［14］李爽蓉，刘萍，李琴.Face行为理论指导下的大学日语教学策略研究［J］.才智，2023（3）：106.

［15］李爽蓉.浅析日语语言文学中的中国文化［J］.才智，2018（11）：184.

［16］李昕.日语教学改革及创新思维方法研究——评《日语教学与思维创新研究》［J］.领导科学，2019（6）：129.

［17］李燕芬. 日语学习者学习策略研究［J］. 天津工程师范学院学报，2010，20（1）：76-78.

［18］李志忠. 改革课堂教学方式：建构主义学习理念及其在教学中的应用［M］. 广州：广东教育出版社，2010.

［19］连联. 混合式教学模式在日语课堂中的应用方式研究［J］. 现代商贸工业，2021，42（9）：156.

［20］林晓卿. "互联网+"时代高校日语智慧教学模式初探［J］. 佳木斯职业学院学报，2018（8）：337-338.

［21］刘慧云. 日语跨文化教学模式探讨［J］. 湖南社会科学，2012（6）：235-237.

［22］孟辰. 新文科背景下大学日语教学创新创业改革探索［J］. 现代交际，2021（18）：18.

［23］聂志平. 语言符号论［J］. 东南大学学报（哲学社会科学版），2012，14（4）：66.

［24］宁雅南. 文化视角的日语教学研究［M］. 武汉：湖北科学技术出版社，2015.

［25］彭曦. 日语教学与日本研究［M］. 上海：华东理工大学出版社，2011.

［26］尚雅顾. 翻转课堂模式在日语教学中的研究与应用［J］. 现代交际，2018（13）：195.

［27］孙小惠. 跨文化教育在日语教学中的融入初探［J］. 文存阅刊，2020（46）：74.

［28］铁军. 通向翻译的自由王国：日语同声传译及翻译教学研究［M］. 北京：中国传媒大学出版社，2007.

［29］王复生. 浅谈创新教育问题［J］. 课程教育研究，2016（21）：225.

［30］王强. 日语语言与文化研究综述［M］. 北京：中国水利水电出版社，2018.

［31］肖雯. 日语会话教学之浅谈［J］. 大观周刊，2012（35）：119.

［32］杨婧. 关于新形势下日语复合型人才培养的思考［J］. 文化创新比较研究，2021，5（18）：134.